평범하지만 특별하게 살랍니다

프로젝트 지음

12명의 북한이탈주민 이야기

박영사

머리말

"사실은 나 북한에서 왔어."

평소 알고 지내던 친구가 집에 돌아가던 버스에서 말했습니다. 이전에 눈치채기는 했지만 막상 직접 들으니, 어떻게 반응해야 할지 순간 당황했었던 기억이 납니다. 괜히 어색해지는 것이 싫어서 "아, 그래? 난 부산에서 왔어~" 하며 아무렇지 않은 척 대답했습니다. 집에 돌아와 곱씹어 보니, 우리 주위에는 주변의 반응이나 시선이 걱정되어 고향을 밝힐 용기조차 내지 못하는 북한이탈주민이 많겠다는 생각이 들었습니다. 그들이 "I'm from North Korea."라고 말했을 때 "So what?"이라고 대답할 수 있는 사회를 만들고 싶었습니다. 이것이 프로젝트 지음이 시작된 계기입니다.

프로젝트 지음은 북한의 정치나 경제와 같이 어렵고 거창한 이야기보다는 밥상에 앉아 친구와 편하게 잡담하듯 사람 사는 이야기를 나누는 방송을 만들고 싶었습니다. 프로젝트 지음이 2018년 시작한 팟캐스트 방송 <사이좋게 부칸친구와 함께하는 작은 밥상(이하 사부작)>은 지금까지 약 100명의 북한이탈주민 분들과 이야기를 나눴습니다.

<사부작>은 출연자와 진행자 모두 출신 지역과 좋아하는 음식의 이름을 붙여 만든 별명을 사용합니다. 이러한 별명에는 북한이탈주민 분들이 편견을 신경 쓰지 않고 고향을 자연스럽게 밝힐 수 있으면 좋겠다는 바람을 담았습니다. 또한 음식 이름으로 서로를 부르며 편안한 분위기를 형성할 수 있었고, 신변 노출이 부담스러우신 게스트 분들께서도 용기를 내어 방송에 출연해주셨습니다.

이 책은 <사부작> 시즌 1과 2 중에서 12편의 에피소드를 엄선해 담은 에세이입니다. 팟캐스트에서 느낄 수 있는 재미와 감동을 독자 분들도 느낄 수 있었으면 좋겠습니다. 더 많은 북한이탈주민의 이야기가 궁금하시다면, 팟캐스트 <사부작>을 직접 들어보시길 추천합니다.

팟캐스트 <사부작>을 직접 들어보세요.
프로젝트 지음 드림.

차례

1부

담백한

이야기

1장

단천 짝태:
단천이나 제주나, 서울 모르긴 매한가지

함경남도 단천 출신으로, 현재 남한생활 5년 차이다.
가장 좋아하는 고향 음식은 바삭하게 말린 짝태.
현재 서울에서 대학을 다니고 있으며,
바다를 너무 좋아해 스킨스쿠버 동아리에서 왕성히 활동 중이다.

겉바속촉의 대명사, 짝태

함경남도 단천, 동쪽의 한적한 해안가 마을에서 나는 십수 년간 바닷바람 냄새를 맡으며 자랐다. 마을 사람들 중 절반은 뱃사공 혹은 어부였고, 매 끼니 싱싱한 제철 해산물들이 밥상 위에 올랐다. 여름엔 낙지[1]를 잡아다 한솥 가득 포실포실하게 쪄 먹었고, 겨울엔 꽃게로 우려낸 칼칼한 탕 국물로 추위를 달랬다. 그러나 뭐니 뭐니 해도 내가 가장 좋아했던 해산물은 단연코 겉바속촉[2]의 대명사, '짝태'다.

---

1 북한의 낙지는 남한의 오징어, 북한의 오징어는 남한의 낙지이다.
2 겉은 바삭하고 속은 촉촉하다.

짝태는 명태의 북한식 방언으로, 대구가 많이 잡히는 겨울철 우리 고장에선 집집마다 생선포를 수십 마리씩 말리곤 했다. 맛있는 짝태를 먹기 위해선 생선 살을 기계에 넣고 단시간에 말려버리는 것은 절대 금물! 수공업으로 대구 살을 쭉쭉 펴다가 칡넝쿨에 꿰어 해안가에 바지런히 걸어놓고 바닷바람에 장시간 흔들흔들 자연건조 시켜주면, 껍데기는 파삭하게 마르고 그 속에 숨겨진 속살은 쫄깃하고 끈끈한 것이 한 번 중독되면 빠져나올 수 없었다. 학교에서 돌아와 잘 마른 짝태 하나를 마당에서 집어다가 간식으로 먹을 땐 결 따라 손으로 살살 뜯어먹는 재미가 어찌나 쏠쏠하던지, 온종일 짝태를 과자처럼 씹어먹는 나를 보며 아버지는 마치 할머니들이 강냉이 오물거리는 모습과 닮았다 말씀하셨다.

짝태는 우리에게 훌륭한 밥반찬이 되어주기도 했다. 후라이팬에 기름 솔솔 둘러 중불에 노릇하게 구워낸 짝태구이를 라면 스프 같은 얼얼한 북한식 소스에 식초와 간장 몇 방울 떨어뜨려 콕 찍어 먹으면 투박한 식감이 살아나, 통통한 등푸른 생선구이와는 또 다른 매력이 있었다. 또 어머니는 가끔씩 한입 크기로 뭉성뭉성 썬 짝태를 때깔 고운 고추기름에 바삭하게 튀겨주셨는데, 갓 튀긴 짝태는 씹을 적마다 사그작사그작 튀김옷이 부서지며 매콤달달한 기름이 육즙처럼 터져 나왔다. 혹여나 같이 볶은 홍고추 조각을 실수로 먹어버렸을 땐 입안에 산불이 난 것처럼 얼얼해 눈물 콧물이 줄줄 흘렀고, 오빠는 그런 나를 보며 얄밉게도 깔깔 소리내 놀리곤 했다.

남한에서 가끔 친구들과 호프집에 가면 먹태나 노가리를 시켜 먹을 때가 있다. 그러나 오랜 시간 유통되어 오는 식품이다보니 대부분 너무 짜거나 질길 때가 많고 갓 말린 짝태의 싱싱한 감칠맛은 살아나지 않는다. 더도 말고 덜도 말고 알맞은 시간 동안 갓 볶아낸 참깨의 향처럼 구수하던 짝태, 입안에서 영원히 쫄깃거릴 것 같던 짝태를 다시 한번 맛보기 위해서라도 나는 꼭 통일이 되어 고향마을을 찾을 수 있었으면 좋겠다.

강도 많고 하천도 많아 이름도 단천이라네

이름도 단 '천(川)'일 정도로 고향마을엔 강과 하천이 많았다. 바다도 가깝고 광산도 많아 남한으로 치면 강원도와 비슷한 느낌이랄까. 주로 어업과 광업에 종사하는 사람들이 모여 사는 시골 마을이라 풍족하게 먹고살지는 못했지만, 빽빽한 빌딩들 속에 지내는 도시 사람들과 달리 우리는 매일같이 수평선 위로 타오르는 아름다운 일출을 보는 특권을 누리며 지냈다.

어업이 발달한 도시답게 마을 한 구역에는 공장지대가 있었다. 갓 잡은 고기를 가공하고 포장도 하는 대형 냉동 컨테이너들이 밀집한 곳이었다. 어른들은 고기를 몇십 톤씩 냉동해 중국에 수출해서 외화를 벌고, 북한 각지에 있는 군부대에 식재료로도 공급했다. 컨테이너마다 등급도 따로 있었다. 마치 조선시대 전국 팔도에서 임금님 밥상에 올리기 위해 쌀이며 고기며 가장 좋은 식재료들을 엄선해 보낸 것처럼, 우리 마을에도 평양 당 중앙에 직납할 최상급 상품들을 따로 엄선해 가장 크고 시설 좋은 컨테이너에서 취급했다.

마을 어른들의 절반이 뱃사공이나 어부라면 나머지 절반은 광부였다. 가끔씩 남한 TV에도 나오는 검덕광산[3], 허천광산[4]도 모두 고향에서 익숙하게 들어온 이름들이었고, 주변 친구들의 영향으로 나 또한 청진 광업대학교에 진학했다. 나는 전공으로 분석학과를 택해, 주로 광물의 시료를 떠서 그속에 금이 몇 퍼센트, 은이 몇 퍼센트 함유되어있는지 등을 분석하는 방법을 배웠다. 북한은 남한과 달리 이과와 문과 구분이 없으나 말하자면 한국의 공업대학 느낌이었다.

하루는 이런 일도 있었다. 단천 중에서도 광산으로부터 오염된 검은 물이 섞여 나오던 어느 강 상류 부근의 마을에서, 누군가 마을 곳곳에 은이 숨어 있다는 것을 발견해 그 마을 사람들 모두가 떼부자가 된 것이다. 그때 단천 전체가 잠깐 떠들썩했지만 기술력의 한계로 강물 깊은 속까지는 제대로 발굴하지 못했다. 만약 통일이 되고 난 뒤 남한의 신기술을 확보해 그 신비한 비밀이 숨겨진 마을을 찾아간다면, 나도 값비싼 보석들을 많이 캐내 벼락부자가 될지도 모른다!

---

3 함경남도 단천군에 위치한 한국 최대의 연−아연 광산.
4 함경남도 허천군에 위치한 연−아연 광산.

대학은 셀프입니다

고등학교 때부터 꿈꿔 온 로맨틱한 캠퍼스 라이프, 하지만 현실은 찢어지게 지루했다. 대학에 가도 매일 똑같은 교복을 입었고 수업 커리큘럼도 일괄적으로 정해져 있었다. 동아리라도 어디 재밌는 곳 없을까 살폈더니, 동아리라 해봐야 선전내용으로 가득한 빨간 표지 책들을 읽는 독서 동아리뿐이었다(그런 곳에 누가 가겠는가!). 바다를 무척 좋아하는 나는 지금이라도 한국에 와서 스킨스쿠버 동아리에 들어 못다 한 꿈을 이뤘기에 망정이지, 북한에서의 대학생활은 단조로움의 끝을 달렸다.

'모이면 살고 흩어지면 죽는다.' 우리는 오히려 모이면 죽음이었다. 당 중앙의 통제가 심해서 대학생들끼리 무리지어 만날 기회는 거의 없었다. 한국은 신입생 오리엔테이션이라고 공기 좋은 곳에 관광버스를 전세 내 이박삼일씩 놀러 가 장기자랑도 하고 친목도 다지던데, 우리는 신입생 환영회는 커녕 학기 초에 전교생을 불러 모아 학교 공식 일정 정도만 설명하고선 곧장 해산시켰다.

그래서인지 다들 개강 후 찾아오는 4월 15일 김일성 탄생일을 마음속으로 애타게 기다렸다. 학교에서 무도회가 열리는 날이었기 때문이다. 오색 저고리 입고선 음악 따라 춤추며 학생들끼리 안면을 텄고, 저녁엔 학급 학생들끼리 삼삼오오 모여 아무개네 집에서 몰래 술을 마셨다. 시중에선 오리지널 술을 구하기 어려워 대부분 중국에서 들여오는 진달래 맥주나 칭다오의 짝퉁 버전을 많이 사왔다. '쏘맥'이라는 단어는 없었지만 소주에다 맥주를 자주 타 마셨는데, 남한에 와서도 사람들이 그러는 걸 보니 한반도 사람 몸에는 어딘가 쏘맥의 피가 흐르는지도 모른다.

한국과 달리 동아리도 없고 친구들끼리 모여 놀 수도 없으니 여가 시간이 많이 남았으리라 생각한다면 큰 오산이다. 다른 대학은 몰라도 우리 대학에선 학생들에게 수업 외 시간에 무보수 육체노동을 끊임없이 부과했다. 심지어 월요일은 오전에 화장실 청소, 목요일은 오후 열두 시부터 다섯 시까지 이웃 마을 모내기 돕기, 이런 식으로 공식적인 일과표도 나누어 주었다.

학비도 사실상 공짜가 아니었다. 등록금만 내지 않을 뿐, 학교 운영은 모두 학생들의 부담으로 이루어져 있었다. 국립대학인데도 운영 자금을 나라에서 충당하지 못하기 때문이다. 차라리 학기 초에 등록금 한 번 내면 깔끔할 것을 운동장을 지어야 하니 얼마, 나무를 심어야 하니 얼마 내라 하면서 일 년 내내 학생들을 귀찮게 하며 알게 모르게 돈을 많이 걷어갔다. 말하자면 우리는 건물만 빌려줄게, 학생들끼리 공부하고 운영하고 건물 수리까지 셀프로 하라는 식이었다. 북한에는 아르바이트 개념이 전혀 없어서 대학을 다니려면 전적으로 부모님께 의지하는 수밖에 없는데, 나는 학비에다 자취 비용까지 배로 들어 항상 아버지께 죄송한 마음이 들 뿐이었다.

대학 동기가 서른 살 아재들이라니!

남한 학생들은 대부분 고등학교 졸업 직후 대학을 가지만 북한은 다르다. 여자들은 남한처럼 보통 만 18세에 바로 대학에 입학하는 반면, 남자들은 10년간의 군 생활을 마친 뒤 30살 즈음 새내기로 대학에 입학한다. 30살 아저씨들이 갓 20살이 된 우리를 잘 챙겨줬던 것은 사실이지만 나는 그들을 대하는 것이 어찌나 어려웠는지 모른다.

"저기, 그, 있잖아요⋯."

원칙상 그들을 동지라고 불러야 했는데 그 말이 입에 너무 안 붙어서 한동안 어쩔 줄 몰랐다. 남한 사람들은 우리가 서로를 다 동무·동지 이렇게 부르는 줄 알지만, 우리도 그냥 각자 이름을 부른다. 다행히도 나중엔 편하게 오빠라고 부르라 하더라. 그 오빠들은 전역 직후부터 열심히 소개팅을 나가서 개강 한두 달 뒤면 다들 여자친구가 있었다. 북한에서 여자들의 평균 결혼 연령은 낮은 반면 남자는 훨씬 높다. 30살, 31살 새내기 오빠들은 대학에 온 지 얼마 안 되어 결혼까지 골인하는 경우도 많았다. 공부하랴 선보랴 결혼하랴 바쁜 새내기다. 사실 공부는 안 하는 것 같긴 했다.

아저씨들과의 최대 고비는 따로 있었다. 북한에는 모든 학생들이 매년 여름 농촌 어딘가로 떠나 농사를 도와야 하는 국가적인 연례행사가 있다. 우리 대학 학생들은 기차를 타고 함흥보다도 훨씬 남쪽의 금야5라는 시골 마을로 향했

5 함경남도 남부에 있는 군.

다. 처음엔 친구들과 모여 어디론가 간다는 게 마냥 신났으나 그 설렘도 잠깐, 금야에 도착해서부터는 찐-고난이 시작되었다. 지평선이 선명히 보이는 드넓은 밭에서 풋고추나 상추를 재배했고, 과수원에 가서는 살구를 열 광주리씩 땄다. 우리 팀의 주 업무는 목화씨 파종과 모내기였는데, 종일 허리 구부정한 자세로 일일이 수작업하고 해 질 녘 숙소로 돌아올 때면 몸도 마음도 아주 말이 아니었다.

그런데 그 서른 살 새내기 아저씨들은 일과 후에도 밤마다 우리를 얼마나 괴롭히던지…! 고된 농사일을 마치고 숙소로 돌아와 저녁을 먹고 나면 그때부터 오락회가 시작되었다. 날씨도 좋고 풀벌레 소리도 고즈넉하니, 마당에 멍석 펴고 앉아 술을 마시며 노래자랑을 하는데 나는 그들이 10년간 군 생활하며 묵혀놓은 흥을 그때 와서 다 푸는 것 같았다. 어깨 덩실덩실 하며 옛날 노래 부르는데 박수 쳐줘야 하지, 이상한 개그를 치면 그걸 또 하하 웃으며 받아줘야 하지. 우리 어린 여자애들끼리는 벌써 너무 졸린데, 눈치 보여서 자러 가겠다는 말도 못 꺼냈다.

'내일 또 새벽에 일어나 일하러 가려면 얼른 자야 하는데….'

이 눈치 없는 아저씨들은 밤이 깊어갈수록 자기들끼리 신나서는, 우리보고 먼저 들어가라는 말도 꺼내지 않는 것이었다. 우리는 그렇게 밤마다 꾸벅꾸벅 졸며 눈치만 보는 끔찍한 며칠 밤을 보냈다. 고등학교 때까지는 친한 친구들하고만 줄곧 다니고 동네도 좁았던지라 다양한 사람들 만날 기회가 거의 없었다. 그런데 막상 대학에 가보니, 세상에는 별난 사람들이 다 있더라! 나는 참 대학교에 가서 세상살이를 배웠다.

충격의 남한 노래자랑

최근 신문 기사를 읽다 북한에서 휴대전화를 사용하는 비율이 급증했다는 기사를 보았다. 북한에선 휴대폰을 거의 사용하지 않을 거라 많이들 생각하지만, 꼭 그렇지만도 않다. 시골 마을인 단천에는 먹고살기 바빠 핸드폰을 쓰는 사람이 거의 없었던 것은 사실이지만, 나는 2008년 즈음 고등학생 시절부터 핸드폰을 갖기 시작했고 대략 2013년도부터는 단천 사람들 사이에서도 휴대전화 사용이 본격적으로 일반화되었다.

신기하게 2000년대 초반까지만 해도 북한의 전파벽이 워낙 약해 우리는 거의 모든 남한 채널의 전파를 수신할 수 있었다. 다들 밖에서는 쉬쉬했지만 실제로는 집집마다 남한 TV 채널들을 직접 볼 수 있었다. 아버지는 늘 똑같은 내용들이 반복되는 조선중앙통신 대신에 남한 뉴스를 챙겨 보셨고, 나는 그 지루한 소식들이 어서 끝나기만을 기다렸다가 드라마 '천국의 계단'이 시작하면 오늘은 또 어떤 전개가 펼쳐질까 긴장하며 오십 분 내내 숨죽인 채 화면에 시선을 고정했다.

무엇보다 특별했던 주간행사는 일요일 아침마다 송해 할

아버지가 나오는 '전국노래자랑'을 생방송으로 챙겨보는 것이었다. 내겐 너무도 신기한 프로그램이었기 때문이다. 우리는 노래를 부를 때 꼭 정해진 곡만 예의를 갖추어 불러야 하고 실수는 절대로 하면 안 된다고 줄곧 배웠었다. 그런데 남한의 '전국노래자랑'에선 아이고 어른이고 아무나 나와서는 고추장이니 간장이니 웬 이상한 가사들이 나오는 노래를 부르고, 신이 나서 부르다가도 무언가 마음에 안 들면 갑자기 무대를 그냥 내려가 버리기도 하는 것이다. 억양은 또 얼마나 낯설던지, 이것이 한국어인지 영어인지 혹은 노래인지 시인지 분간이 어려웠다. 지금 남한에 와서는 재밌는 프로그램들이 워낙 많아 거의 챙겨보지 않지만, 어릴 적 내게 남한의 노래자랑은 혼돈의 카오스로 기억에 남아있다.

난생 처음 반도를 가로지르다

국경과 정반대에 위치한 단천에 살았던 탓에 나는 탈북을 상상도 못 했었다. 그랬던 내가 탈북을 결심한 계기는 어머니와 오빠 때문이었다. 어릴 적 두 사람이 말없이 사라진 뒤 나는 영문도 모른 채 줄곧 아버지와 지냈었다. 아버지가 나를 깊은 애정으로 부족함 없이 키워주신 것은 사실이지만, 내겐 어머니의 빈자리가 늘 컸다.

그러던 어느 날 한 브로커로부터 연락이 왔다. 브로커라 하면 한국에선 사기꾼 같은 부정적인 이미지가 강하지만, 우리에게 브로커는 멀리 떨어진 사람들 사이 다리를 놓아주는 고마운 사람들이었다. 남한에 있던 어머니가 브로커를 통해 내게 연락을 취하신 것이었다. 나는 그제야 어머니가 줄곧 남한에 계셨다는 사실을 처음 알게 되었다. 한국으로 오라는 어머니의 말에 나는 마음이 흔들렸고, 남한에 있는 오빠 역시 통화할 때마다 여기 오면 너 하고 싶은 공부 할 수 있다고, 유럽여행도 갈 수 있다고 나를 설득했다.

어릴 적부터 미디어를 통해 남한 문물을 많이 접했던 탓에 한국에 대한 환상도 없진 않았다. 어떤 공산품을 쓰든 한국 것이 좋은 것은 사실이었다. 대학에 들어가면서부터 화장품을 이것저것 사 보았는데, 분도 눈썹먹[6]도 남한 제품이 중국 것보다 훨씬 좋고, 북한 화장품은 비교도 안 되었다. 그래서 항상 그런 생각이 있었던 것 같다. '아, 저기는 항상 좋네.'

홀로 남을 아버지에 대한 걱정과 발각될 두려움에 선뜻 발길이 떨어지지 않았던 것은 사실이지만 결국 탈북을 결심했다. 단천에서 국경선을 넘어 북경까지 가는 거리는 말하자면 강원도에서 인천 가는 거리와 비슷하다. 한 나라를 가로질러야 하는데 북한은 교통이 불편할 뿐만 아니라 이동의 자유도 없어 더욱 애를 먹었다. 이박삼일을 꼬박 밤을 새가며 이 차량 저 차량 옮겨탔고, 쿵쾅거리는 심장을 달래며 검문소를 아홉 개나 거쳤다. 그때마다 나는 고개를 푹 숙이고선 감시병들에게 말없이 돈을 쥐어주었다. 혹시라도 너 남조선 가냐고 물어보면 어떡하지, 어떡하지 조마조마하면서.

---

6 마스카라.

남한 사람들과 얘기하다보면 탈북기를 대단한 모험으로 과찬해주는 분들이 많다. 물론 여러 차례 실패를 겪었고, 돈과 체력뿐만 아니라 나와 내 가족이 언제 어떻게 될지 모른다는 불안함으로 둘러싸인 고된 과정이었던 것은 맞다. 하지만 누구든지, 나와 같은 상황에 처해 있었더라면 같은 결단을 내렸을 거라고 나는 생각한다.

커피숍 대장정: 모든 메뉴를 정복하다

'거기도 사람 사는 곳인데 똑같겠지.'

처음 한국에 올 때 내가 가졌던 생각이다. 아무리 문화가 달라봐야 가서 적응하면 되는 것이고, 너무 어렵게 생각하지 말아야지. 하지만 나의 남한생활 초기는 낯설고 어려운 것들로 가득했다. 미디어로 남한의 문화를 많이 접해봤다고 생각했지만 그건 새발의 피였던 것이다.

가장 어려웠던 것은 누가 뭐래도 버스 타는 것이었다. 방향도 헷갈리고, '환승'은 도무지 무슨 개념인지 이해하기도 어려웠다. 스마트폰 쓰는 법을 하나원에서 일단 배우기는 했는데 막상 쓰려니 방법은 모르겠고, 버스 노선표는 너무 어렵고, 한 정류장에 10분씩 서서 계속 어디로 갈지 몰라 헤맨 적이 한두 번이 아니다. 남한에 온 지 이틀 차, 처음으로 대중교통을 혼자 타볼 때였다. 당시 나는 사당역 정류장에서 집으로 오는 버스를 탔는데 잠시 후 정신을 차려보니 버스는 서울대 캠퍼스 안으로 들어가고 있었다. 나는 너무 무서운 마음에 덜덜 떨며 바로 엄마에게 전화를 걸었다. 나는 분명 제대로 탄 것 같은데 창문 너머로 서울대학교 간판이 보인다고.

게다가 남한 사람들은 외래어를 어찌나 자주 사용하는지. 외래어사전을 보면서 밤낮으로 공부해도 그걸 직접 사용하면서 자연스럽게 받아들이는 것과는 차이가 컸다. 내 앞에 볼펜을 두고도 볼펜이라 하지 못하고, 생크림을 먹으면서도 생크림이라고 하지 못했다.

게다가 줄임말은 또 어떤가. 남한의 언어문화는 정말 별다줄[7]이다. 한 번은 친구와 함께 시내에서 만나기로 했는데, 약속 시간이 다 되자 친구로부터 이런 문자가 왔다.

"나 베라 앞에 서 있어. 거기로 와."

아니, 대체 '베라'가 무엇인가? 아무리 생각해도 사전에서 본 적도 없는 단어였고 길거리를 돌아다니며 찾아도 '베라'가 씌여진 간판은 찾을 수 없었다. 결국 나는 한참 후에야 통유리로 된 어떤 가게 앞에 서 있는 친구를 먼저 찾았고, 그 후에야 '베라'라는 곳을 찾을 수 있었다.

남한에는 또 커피 종류가 얼마나 많은지 모른다. 북한에서 '커피'하면 이것저것 종류를 따질 필요 없이 다방 커피 같은 달달한 믹스커피를 내어 준다. 그런데 어느 날 내가 남한 지인과 함께 처음으로 커피숍을 갔더니 커피 종류만 해

---

7 '별것을 다 줄인다'를 줄여 이르는 말. 줄임말이 만연하는 최근의 세태를 희화하는 의미도 담겨 있다.

도 스무 가지에 육박할 뿐더러 그 외에도 티, 에이드, 스무디 등 하나같이 처음 들어보는 이름들로 메뉴판이 꽉 차 있는 것이다. 지인이 먼저 주문한 뒤 이제 내 차례가 딱 왔는데 그때 나는 심장이 철렁했다.

"저도 같은 걸로 주세요."

결국, 이렇게 얼버무렸다. 자존심도 자존심이지만 무더운 여름날 짜증을 삭이며 긴 줄에서 기다리고 있는 내 뒤의 사람들을 생각하면 도무지 직원분께 뭐가 뭔지 물어볼 수 없었다. 모르면서 아는 척하는 게 가장 나쁘다던데. 그래서 이틀날부터 나는 그 커피숍에 가서 하나씩 메뉴 도장 깨기를 시작했다. 메뉴판 가장 위에 있는 메뉴부터 가장 아래에 있는 메뉴까지 차례로 먹어보는 것이었다. 첫날엔 무슨 엄지손가락만 한 찻잔에다 처음 보는 커피를 내어주던데, 엄청 시고 쓰고 콤콤한 그 액체를 한 모금 마셔 보고는 혀가 제대로 얼얼했다. 나중에 알고 보니 그게 에스프레소라더라.

'아, 라떼엔 우유가 들어가 있구나.'

'에이드는 엄청나게 시원하네.'

그렇게 나는 장장 한 달 반에 걸쳐 커피부터 티까지 그 커피숍에 있는 모든 메뉴를 다 먹어보며 나에게 맞는 메뉴가 무엇인지 하나씩 찾아갔다. 평소엔 부드러운 라떼를 마시는 것을 좋아하고, 비가 오거나 기분이 꿀꿀할 때면 달달한 캐러멜 마키아토를 마신다. 다음에 누군가 내게 묻는다면 이렇게 말할 것이다. 나는 커피를 몸으로 배웠다고.

단천이든 제주든, 한반도 사람

남한에 온 이후 나는 내가 하는 행동 하나하나가 마치 북한 전체를 대표하는 행동으로 보일까 봐 무서울 때가 종종 있다. 내가 어떤 행동을 하면 주변 사람들은 모두 '북한 사람들은 다 그런가 봐', '북한에선 저게 자연스러운가 봐' 하는 인식을 갖게 될 것 같아 신경이 쓰인다. 그래서인지 더 더욱 심사숙고해 단어를 내뱉고 모든 행동을 조심하게 된다.

하루는 동아리 동생으로부터 속상한 말을 들은 적이 있다. 한때 남한에서 유행했다는 '왕감자' 노래를 유튜브로 틀어 내게 보여주었는데 나는 양강도 쪽에 살지 않았어서 그런지 전혀 처음 듣는 노래였다. 내 반응을 보자 동생은 실망하며 감자 먹고 안 살았냐, 북한 사람 맞냐고 말했다.

"그럼 나는 귤만 먹고 살았겠냐."

옆에서 듣던 제주도 출신 오빠가 끼어들어 내 편을 들어주었던 것이 너무도 고마웠다. 동아리에서 나를 처음 본 날에도 어디서 왔냐 묻더니, 북한에서 왔다고 하자 "그래? 나도 지방에서 왔거든." 하며 반갑게 맞아주던 사람이었다. 고마운 마음이 들었고, 옛날에 저 외딴 지방 사람들도 한양에 과거 보러 오던 것처럼 나도 한양 구경 왔다 생각하며 기쁘게 받아들였던 기억이 있다.

그런 의미에서 나는, 사람들이 우리를 너무 일반화하지 않았으면 좋겠다. 미디어 속 북한 사람들은 평면적인 이미지로 그려지는 경우가 많다. 하지만 제주도 특산품이 귤이라

해서 제주도민들이 귤만 먹고 사는 것이 아닌 것처럼, 양강도 사람들도 감자말고 다른 것도 많이 먹는다. 모든 남한 사람들이 K–POP을 좋아하지는 않는 것처럼, 북한 사람들 사이에서도 서로 모르는 노래들이 많고 음악 취향도 각기 다르다. 우리에게도 '취향'이 있다는 사실을 많은 사람들은 잊어버린다.

제주든 단천이든, 부산이든 청진이든, 북한·남한 크게 다르지 않고 그저 다들 한반도 어느 동네에서 온 사람들이라고 생각했으면 좋겠다. 고향을 떠나 한국에서 정착해나가는 사람들이, 북한이라는 집단을 나타내는 사회적 지표가 아닌 한 평범한 개인으로서 존중받을 수 있는 사회가 되었으면 좋겠다. 너도 지방 어디서 왔구나, 우리 둘 다 서울은 처음이니 잘 지내보자 하면서.

2장

청진 오징어: 나는 비행기가 타고 싶습니다

❋

함경북도 청진 출신으로,
어릴 적부터 별명이 더펄이[8]일 정도로 밝고 활달한 성격이다.
남한생활 7년 차인 현재,
대학에서 열심히 공부 중이며 평소 비행기 타는 것을 좋아한다.
가장 좋아하는 고향 음식은 볶음밥으로 속을 채운 북한식 오징어순대이다.

오징어를 통째로 들고 먹는다고?

세상에 오징어만 한 음식이 있을까. 익혀 먹어도 맛있지,
날로 먹어도 맛있지, 식감도 재밌는데 가격 또한 저렴하지!
여름철만 되면 오징어가 수두룩하니 잡히는 해안가에서 자
란 나는 매일같이 오징어를 끼고 살았다. 야들야들한 오징어
숙회도, 매콤한 오삼불고기도, 오징어 살이 자잘하게 씹히는
고소한 해물파전도 맛있지만 내가 가장 사랑하는 오징어 요
리는 바로 북한식 오징어순대이다.

한입에 베어 먹기 좋은 졸망졸망한 북한식 오징어순대를
만들려면 너무 큰 오징어 말고 아기 손만 한 오징어가 필요
하다. 탱글한 오징어를 손질해 깨끗이 씻고선 폴폴 끓는 물

---

8 성질이나 행동이 침착하지 못하고 덜렁대는 사람.

에 통째로 넣고 살짝 데친다. 잠깐 물기를 빼는 동안, 그 안에 들어갈 속을 만들 차례다. 한국에서는 보통 불린 당면으로만 속을 채운 쫄깃하고 미끈멀한 순대를 즐겨 먹는 반면, 고향에서는 볶음밥으로 순대 속을 채웠다. 양파와 당근 같은 야채들을 잘게 잘라 노릇노릇해질 때까지 볶고, 밥과 함께 순대 전용 소스를 넣고 센 불에 단시간 볶아내면 촉촉한 볶음밥이 완성된다. 밥 대신 돼지 선지를 볶으면 특유의 꼬시래한 향을 즐길 수 있고, 배추나 시라지[9]를 듬뿍 채 썰어 넣으면 쌀도 아끼고 자박자박한 식감도 살아나 일석이조다.

이제 데친 오징어 속에 볶음밥을 꽉꽉 눌러 담고, 밥알이 터져 나오려는 입구 부분은 오징어 꼬리를 쏙 집어넣어 봉합한다. 마지막으로 열기 가득한 찜통 속에서 중불에 3분간 찌는 것이 관건인데, 이때 실수로 너무 오래 찌면 죽처럼 흐무러져 버리고 덜 삶으면 오징어 살이 퍽퍽할 수 있기 때문에 통통하게 익어가는 순대를 옆에서 지켜보다가 정확한 시간에 건져내야 한다.

완성된 순대를 숭덩숭덩 썰어버려서 젓가락으로 집어먹는 것은 어딘가 시시하지 않은가? 북한에서는 김 모락모락 나는 오징어에 젓가락을 훅 꽂아 휴게소 핫도그처럼 통째로 들고 먹는다. 식기 전에 꼬다리 쪽부터 오징어살을 한입 크게 베어 물면, 여름날 복숭아 과육에서 달콤한 과즙 터져나오듯 오징어의 고소한 육즙이 입안 가득 사르르 퍼진다. 매

---

9 '시래기'의 함경도 방언.

끈한 오징어껍질과 그 속에서 한알 한알 옹글하게 터지는 밥알들, 북한식 오징어순대를 한 입 먹는 순간 밋밋한 남한 순대에선 찾을 수 없는 보드라운 오징어와 쫀득한 볶음밥의 화려한 콜라보가 펼쳐진다.

까까와 맞바꾼 2만 원

함경북도 동쪽 해안선을 등지고 땅콩처럼 오므린 항구도시가 바로 청진이다. 아이도 어른도 살기 좋은 평범한 상업 도시, 그게 우리가 청진에 대해 갖고 있는 인식이었다. 항구가 많아 상업과 유통업이 발달했고 함경북도에서 제일가는 수남장마당[10]에선 세계 각국의 물건들을 수입·수출한다는 자부심이 있었다.

나는 수영도 제대로 못 하면서 물에서 노는 것을 그렇게도 좋아해, 날이 풀리는 4월부터는 동무들과 바닷속에 뛰어들어 물개처럼 손발을 앞뒤로 뽈뽈대며 넘실대는 수면 위를 몇 시간이고 떠다녔다. 그러다 지치면 백사장에 일렬로 드러누워 등어리 까슬한 줄도 모르고 온몸을 사포처럼 모래바닥에 비비며 여름날의 따가운 햇볕을 쪼였다. 이따금씩 저 멀리서 영화 '타이타닉'에 나온 배의 딱 절반만 한 대형 선박

---

10 북한의 시장. 1990년대 중반 고난의 행군이 시작되면서 정상적인 국가 공급 체제가 붕괴되자, 모든 사람이 물건을 사고 팔 수 있는 자생적인 시장이 형성되었다.

들이 나타날 때면 우리는 커다란 엔진 소음에 귓구멍을 손바닥으로 꾹 눌렀다. 다른 나라에서 버린 쓰레기를 돈 받고 들여오는 배들이었고, 그 배들이 고장났을 때 수리하는 일은 우리 부모님들의 몫이었다. 우리는 그게 어떤 의미인지도 모르고 저 배는 황소 천 마리가 우는 것처럼 시끄럽다고, 뿌웅 뿌웅 소리를 흉내내며 마냥 깔깔거렸다. 어딜 가든 그렇듯, 살기 좋은 도시에도 가난한 사람은 꼭 가난했다.

나의 아홉 살 여름이었다. 우리 집은 너무도 가난해 하루에 한 끼도 제대로 못 먹을 형편이었다. 철이 없던 나는 가난이 무엇인지도 몰랐고, 내 배가 부르면 그걸로 끝인 줄 알았다. 에어컨은커녕 선풍기도 제대로 돌아가지 않던 그 시절, 하루는 더위를 달래줄 시원한 까까[11]가 너무 먹고 싶었다. 나는 낮잠을 주무시던 어머니를 깨워 돈을 달라 졸랐고, 당시 몸도 아프고 정신도 비몽사몽 하던 어머니는 알아서 하라며 우리 집 전 재산이던 100원을 내게 몽땅 주었다.

100원을 받아들자마자 나는 냅다 슈퍼로 달려갔다. 운이 좋게도 50원짜리 까까를 할인받아 40원에 사먹었고, 신이 나서 집에 돌아와 어머니께 그 행운을 자랑했다. 그런데 웬걸, 어머니는 그 말을 듣더니 충격에 빠져 털썩 주저앉으셨다. 나는 이제 까까를 먹었으니 입안도 시원하고 배도 찼지만 학교에서 막 돌아온 언니와 오빠는 배고프다 하지, 물가는 올라서 60원으로 해먹을 수 있는 것은 아무것도 없지. 설

11 아이스크림. 북한에서 '아이스크림'을 이르는 말인 '께끼'에서 유래했다.

상가상으로 때마침 친척 분이 우리 집을 갑작스레 방문하시기까지 했다. 간만에 손님이 오셨는데 밥상에 올라갈 것이 소금밖에 없는 상황이었다. 어머니는 일단 장마당에 가서 뭐라도 꾸어오자며 나를 데리고 길을 나섰다.

그런데 길을 걷던 중, 저 멀리 흙바닥에서 김일성 초상화가 반짝이는 것이다. 김일성이 그려진 지폐, 평소에 잘 보지도 못하던 그 녹빛 종이는 5천 원짜리 지폐였다.

"야, 뛰어라 뛰어!"

그걸 발견하고 화들짝 놀란 어머니는 나를 재촉했다. 재빨리 달려가 집어보니 지폐가 네 장이나 있었다. 도합 2만원.

그 2만 원 덕에 우리 가족은 목숨을 구제했고, 친척 분께도 그날 저녁으로 비싼 반찬은 못해드려도 옥수수밥이라도 지어 대접할 수 있었다. 지금 생각해보면 그 돈을 잃어버린 사람은 너무 마음 아팠겠지만 당시 우리는 그 사람에게 얼마나 감사했는지 모른다. 전재산이 100원이던 집에 갑자기 생긴 2만 원, 우리는 그 시절을 그렇게 버틸 수 있었다.

대낮엔 스쿨레기, 달밤엔 보초근무

어릴 적 나는 친구들이 '더펄이'라고 부를 정도로 동무들과 천방지축 뛰노는 것을 좋아했다. 세상 일 다 행복하다는 듯이 뛰어다니는 나를 보며 친구들이 지어준 별명이었다. 수업이 끝나면 앞장서서 동무들을 운동장으로 불러 모아 한 명씩 돌아가며 오니[12]를 맡아 스쿨레기[13]를 했고, 튼튼한 곰

솔 가지를 집어 들고 진흙 바닥에 동무들 얼굴을 그리며 놀기도 했다. 땅따먹기, 줄넘기도 하고 투닥거리며 말 타기도 하고 나면 하루가 금세 지나갔다.

하지만 뭐니 뭐니 해도 학급 동무들과 밤을 새며 학교 보초를 서는 것이 제일 신나는 행사였다. 학교에선 중요한 연구들이 많이 진행되고, 누가 책걸상을 훔쳐가 땔감으로 쓰거나 통유리를 뽑아갈 때도 있어서 밤에도 꼭 누군가 교정을 감시해야 한다. 그런데 북한에는 학교에 경비아저씨들이 따로 없기 때문에, 1학년부터 6학년까지 총 30개 학급이 매일매일 돌아가며 한 달에 꼭 한 번씩 밤새 교정을 지키는 것이 규칙이었다.

사실 말이 보초지, 아이들 입장에서는 친구들끼리 밤새 함께 모여 있는 것만으로도 들뜨는 일이다. 다섯 개 조를 편성해 2시간씩 교대로 순찰을 돌고, 나머지 사람들은 운동장에 남아서 오락회를 조직해 놀았다. 누구는 두어 시간만 지나도 꿈뻑꿈뻑 졸다가 곯아 떨어지기도 했지만 나는 한 달에 한 번 찾아오는 그 오락회가 얼마나 재밌던지, 장기자랑도 하고 카드 게임도 하고 옛날 옛적에 있던 귀신 얘기도 하다보면 어느새 동구 밖부터 날이 밝아오기 시작했다.

---

12 술래. 도깨비를 의미하는 일본어 '오니'에서 유래한 듯하다.
13 '술래잡기'의 청진시 방언.

내 이야기는 절대 아니고, 어디까지나 친구 이야기

부잣집 친구가 음악스피커를 가져올 때면 다른 학교 동무들과도 안면을 틀 수 있는 최고의 기회였다. 각자 친구를 데려와선 골목길 사이에 둘러앉아 노래를 크게 틀어놓고 서로 지목하며 춤을 췄는데, 말하자면 술 없는 술 게임이었다. 서먹하던 사람들끼리도 노래만 있으면 쉽게 가까워졌고, 같은 무리에서 놀던 누군가를 좋아하는 마음이 뭉게뭉게 이는 것은 금방이었다. 그럼 다음날부턴 수업 끝나자마자 관심 있는 친구가 다니는 학교에 살짝 찾아가는 것이다.

"지나가다 들렀어, 그런데 신기하게 딱 너가 나왔네. 하하."

고백할 때 왕초보와 왕고수들이 티가 나는 것은 북한이나 남한이나 마찬가지다. 특히 동갑내기 친구들은 철도 없고 경험도 없다보니 얼마나 서툴고 순진한지, 여자 앞에서 자기 어필만 주구장창 해댔다.

"나는 여태 남들보다 열심히 살았고, 또 앞으로는 어떻게 멋지게 살 것이고…."

자기가 얼마나 잘났는지만 종일 늘어놓으면 여자 입장에서는 답답할 뿐이다. 하지만 오빠들은 역시 훨씬 능숙했다. 나른한 해 질 녘이나 밤 시간에 약속을 잡는 등, 시간대부터 철저히 계산했다. 바다로 강으로 산책 가자고 불러내서는 학교에서 있었던 재밌는 썰들을 푸는 것이 재간 넘치는 이야기꾼이 따로 없었다. 그걸 듣고 깔깔 웃으면, 오빠들은 "아 너 잘 웃는다." 이렇게 칭찬해주고, 그러다 갑자기

"너 오빠 동무 할래?"

이렇게 훅 들어오는 것이다. 재미있는 오빠가 갑자기 고백까지 하니 얼마나 당황스러우면서도 설레는가. 게다가 날씨도 밤이라 약간 쌀쌀하던 차에, 예쁘게 보이려고 옷을 얇게 입고 나온 여자 어깨 위로 오빠들은 자기가 입고 있던 겉옷을 삭 덮어주지, 통금시간이 다가와서 곧 집에 들어가야 하니 길게 생각할 여유도 없지, 눈앞에 출렁이는 보랏빛 바다 물결, 간간이 부서지는 파도소리, 낭만은 절정에 달하고 정신은 몽롱하고 도저히 거절을 하려야 할 수가 없는 상황이다.

그렇게 해서 짠, 커플이 탄생하면 신나게 데이트할 일만 남은 것이다. 함께 사진관 가서 찍은 사진들을 곱게 오려 침대 맡에 붙이고, 햇살 좋은 날엔 강변 따라 나란히 자전거도 탔다. 또 한국, 중국 영화들의 영향인지 당시엔 북한에서도 커플룩이 유행이었다. 세련되게 보이고 싶은 날에는 멋진 옷을 입고나와 어깨 으쓱이며 영화구경을 갔고, 똑같이 생긴 아사히 신발[14]을 신고 기분 좋게 골목골목을 쏘다녔다. 방학이면 다른 커플들과 바다로 더블데이트를 가는 것도 두근두근 설레는 일이었다. 해변에서 피운 숯불로 불고기를 구워 맛있는 점심을 먹었고, 오후 내내 물놀이를 한 뒤 동네로 돌아올 때면 아쉬운 우리 발목 위로 붉게 타는 저녁놀이 드리웠다.

---

14 '아사히슈즈'라는 일본의 신발 브랜드.

그때는 같이 있을 적이면 매일 보는 얼굴인데도 어딜 가도 새롭고, 뭘 해도 즐겁더라. 물론 내 얘기는 아니고, 친구한테 들은 이야기들이다.

선택은 자유, 하지만 자유도 선택이다

북한을 떠나고 싶다는 생각이 처음 든 것은 열여섯 살, 학교를 다니며 장사를 시작했을 때부터였다. 나는 함흥이나 원산[15], 장진[16]같이 광물이 많이 나는 곳에서 금을 구해와 청진 회사에 파는 보부상이었고, 청진 회사들은 그 금을 중국에 되팔았다. 처음엔 별다른 문제점을 못 느꼈지만 갈수록 어딘가 이상했다. 당연히 당 중앙에 바쳐야 하는 금을 중국으로 밀수하는 것도 마음에 걸렸고, 북한 회사들은 늘 중국에 대한 사업 의존도가 높은 것도 이해하기 어려웠다.

뿐만 아니라 학교에서도 부당한 대우를 여러 번 받았다. 하루는 다른 친구와 똑같은 시험 점수를 받았는데도 그 친구가 나보다 좋은 성적을 받은 것을 알게 되었다. 선생님께 항의하자 선생님은 너무도 당연하다는 듯이 이렇게 말씀하셨다.

"그럼 너도 학교에 후원을 하려무나."

뜻밖에 당황스럽고 억울했던 나는 그날 저녁 이불 속에 얼굴을 파묻고 펑펑 울었다. 그런 나를 보고 마음이 아팠던

---

15 북강원도에 위치한 항구도시.
16 함경남도 서북부에 위치한 군.

어머니가 선생님께 몰래 쌀 20㎏을 갖다 드렸던 모양이다. 얼마 뒤 나는 최우등상을 받았지만 그날 받은 상처는 쉽게 지워지지 않았다. 그것은 선생님이란 한 개인보다도 북한 교육체제의 폭력성 앞에서 느낀 무력감이었다.

북한에 있을 때 나는 과거를 사는 기분이었다. 우리는 느릿느릿하게 자전거만 타고 다니고, 기껏해야 가끔 타는 기차도 전기가 끊겨서 아무 데서나 멈추기 일쑤인데 외국 사람들은 비행기를 타고 먼 거리도 아무렇지 않게 훌쩍훌쩍 다니는 것이었다. 그뿐이겠는가, 북한에선 여자가 꿈이 있으면 이상한 것이었다. 그런데 나는 하고 싶은 것들이 너무 많았다. 그러자 문득 평생을 지내온 고향이 낯설게 느껴졌다. 오랫동안 사용해 온 익숙한 물건에서 낯선 냄새가 날 때 덜컥 겁이 나는 것처럼, 나는 지겨움과 함께 두려움이 몰려왔다. 내가 살아왔고 또 앞으로도 살아갈 공간은 너무도 기형적이었던 것이다.

그러던 차에, 한국에 계신 이모로부터 전화가 왔다.

"공부할 마음이 있으면 한국으로 와라."

나는 무조건 가겠다고 했다. 조금 엉뚱하게 들릴 수 있지만 나는 무엇보다도 비행기가 그렇게 타고 싶었다. 한국에 가서 공부를 하든 돈을 벌든 간에 일단 비행기만 타면 될 것 같았다. 언니는 내게 잡혀가면 어떡하냐, 맞아 죽으면 어떡하냐 겁도 주었지만 나는 이렇게 죽으나 저렇게 죽으나 같다고 생각했다. 선택은 자유인 것처럼 자유도 선택이었다. 두만강은 내게 두려움이었으나 그 두려움을 넘어선 자유를 나는 택했다. 그렇게 나는 엄마와 함께 국경선을 넘어 그토록 꿈꾸던 비행기를 타고 한국으로 왔다.

다리가 부러져도 개근상만큼은 꼭 타리라

아, 비행기만 타면 다 해결될 줄 알았는데. 막상 도착한 한국은 내가 생각했던 세계와 많이 달랐다. 특히나 내가 입만 열면 말투가 특이하다며 나를 이상하게 보는 눈길이 한둘이 아니었다.

"조선족 아니야?"

해외 돌아다녔던 동포라고 거짓말하고 다녔지만 속으로 마음고생이 심했다. 하루는 수업 시간에 선생님이 던진 질문에 정답을 말했는데, 말투 때문에 나의 말을 알아듣지 못하시더니 결국은 오답이라 하셨다. 뒤에선 다른 학생들이 공부도 못 하면서 왜 공부하려 하냐고 수군댔다. 담임선생님께 더 이상은 못 숨기겠다고, 그냥 북한에서 온 것을 말하겠다 했으나 선생님은 아직은 때가 아닌 것 같으니 조금만 더 참으라고 말씀하셨다. 하지만 결국 마음의 병이 생긴 나는 대안학교로 전학했다.

그때 힘들어하던 나를 보고 한 선생님께서 이런 말을 해주셨다. 누구한테 돌을 맞았을 때 우리는 맞았다는 것을 확인하고 피나는 걸 보며 비로소 아파한다고. 그런데 그걸 확인하지 말라 하셨다. 다른 사람들이 하는 말들은 들은 적조차 없었던 듯이 행동하라는 뜻이었다. 그 이후로 나는 그저 내 할 일에만 집중하고 매 순간 최선을 다하는 사람이 되고자 했다.

얼마나 악착같았는지 한 번은 고등학교 3학년 때 모두를 깜짝 놀라게 한 일도 있었다. 축구를 하다 다리뼈가 부러졌는데, 그날 수술을 받고도 학교는 가야겠다는 생각에 기어코 병원에서 택시를 타고 학교를 간 것이다. 결국 졸업식 날 개근상도 받았고 교장선생님께서 내 이름을 특별히 더욱 크게 불러주신 기억이 난다. 학창시절 나는 죽든 살든 열심히 해보자는 마음이었다. 진부한 문장이지만, 그걸 실천으로 옮기기까지는 내게 얼마나 많은 용기가 필요했는지 모른다.

평범하되 특별하게 살랍니다

기대와는 달랐던 남한사회에서 여러 시행착오를 거쳤지만 남한에 온 것이 후회되지는 않는다. 남한사회와 북한사회의 가장 큰 차이를 형상화한 것이 매슬로우의 욕구 피라미드 아닐까? 매슬로우의 욕구 이론은 사람이 삶에서 채워나가야 할 것들을 다섯 단계로 분류한다. 인간은 행복해지기 위해 가장 아래에 있는 1단계 생리욕구부터 2단계 안전욕구, 마지막에는 자아실현 욕구까지 하나씩 채워나가야 한다는 것이다.

그런데 북한에 있을 때의 나는 그 단계들을 순서대로 채우지 못했던 것 같다. 예를 들어 사랑받는 기분은 어느 정도 느껴지는데 안전하다는 느낌은 들지 않았고, 어딘가에 소속되어 있는 것은 분명했으나 여전히 가난하고 배가 고팠다.

그런데 한국은 달랐다. 가장 아래 단계, 가장 필요했던 것들부터 차근차근 채워지는 기분이 들었다. 그걸 안정감이라 할까, 균형이라 할까. 이곳에서의 삶은 조금 더 차분하다. 나는 그 부분이 좋다.

덕분에 여기에선 누구든지, 자기가 무얼 하고 싶은지에 대한 고민도 조금은 쉽게 할 수 있는 것 같다. 나는 남한에 온 이후로 몇 년간은 계속 그 생각만 했다. 내가 정말로 원하는 것은 무엇이고, 어떤 것을 좋아하는가. 그동안 꿈도 여러 번 바뀌었다. 어머니를 따라 수학 교사가 되어야지 마음먹다가도, 휙 돌아서서 생각하면 회사 경영도 해보고 싶다.

그러나 요즘 문득 든 생각은, 나는 어떤 꿈을 가지고 있다기보단 어떤 사람이 되어야 하겠다는 마음이 더욱 절실한 것 같다. 나는 한국에 스며드는 사람이 되고 싶다. 이북에서 온 외지인이 아니라, 나도 다른 남한 사람들과 다를 바 없이 행복하게 잘 살 수 있는 사람이라는 것을 보여주고 싶다. 하지만 너무 평범하게만 사는 것은 싫다. 나는 북한이랑 거래하고 교류도 하는 경영인이 되고 싶고, 출장도 많이 다니면서 비행기도 자주 타고 싶다. 북한 사람이라고 해서 모두가 책임 의식을 가질 필요는 없다고 생각하지만, 통일을 위해 내가 할 수 있는 작은 것들부터라도 무언가를 해나가고 싶다. 이렇게나 꿈이 많은데 조용하게만 살 수는 없지 않은가!

그래서 누군가 나의 바람을 묻는다면, 나는 이렇게 답할 것이다. "특별하지만 유별나지 않은 사람으로, 평범하지만 평범하지 않은 사람으로 꿈을 키워나가고 싶습니다."

3장

혜산 감자밥:
분단위원장이었던 내가 영어바보라니!

●

양강도 혜산 출신으로,
좋아하는 고향 음식은 포슬포슬한 감자를 으깨먹는 감자밥이다.
남한생활 7년 차, 밝고 명랑한 성격으로 유머 감각이 뛰어나다.
현재 서울에서 대학을 다니고 있으며, 제일 싫어하는 과목은 영어이다.

식빵엔 마가린, 쌀밥엔 찐 감자

감자! 감자! 왕!감자ㅡ!

그 유명한 감자 노래, 들어보았는가. 5~6년 전쯤 페이스
북과 유튜브에 영상이 업로드되면서 남한에서 파장을 불러
일으킨 일명 '왕감자송'. 영상 속 조그마한 여자아이가 발레
리나처럼 흰옷을 빼입고 나와 감자 모양 율동을 추며 노래
를 부른다. 노래의 제목은 바로 '대홍단 감자'. 대홍단[17]은 북
한에서 감자로 유명한 양강도 중에서도 북동쪽에 위치한 군
으로, 내 고향 혜산 또한 그에 멀지 않다. 양강도 중부 압록
강 연안에 위치한 작은 마을에 살며 어릴 적 우리 집 밥상엔

---

17 양강도 북동부에 위치한 군. 대홍단은 '봄이 되면 진달래, 철쭉꽃이 피어
붉게 물든 벌이 여울목에서 갑자기 끊어진 곳'을 의미한다.

감자가 빠지는 날이 거의 없었다. 솥에 푸욱 찌거나 삶아서 소금에 콕 찍어먹는 것 말고도 언감자떡,[18] 감자밴새,[19] 감자 지지미[20] 등 이런저런 방식으로 요리한 감자로 우리는 끼니를 떼웠다.

그중에도 가장 자주 먹던 것이 바로 감자밥. 밥을 짓다 마지막에 뜸을 들일 때가 되면, 미리 삶아 둔 감자를 알맞은 크기로 숭덩숭덩 잘라다가 밥 위에 올려 한 김 더 익힌다. 밥이 다 지어질 때쯤 솥뚜껑을 열어 주걱으로 으깨보면 뜨거운 쌀밥 위로 노란 감자가 마치 잘 녹은 마가린처럼 포슬포슬하고 부드럽게 으스러졌다. 감자와 함께 밥을 적당량 퍼다 살살 으깨서는, 섬섬할 땐 소금물도 얇은 숟갈로 떠다가 살짝씩 얹어 먹고 간장이나 깨소금을 뿌려 같이 비벼 먹기도 했다. 간이 딱 맞는 장아찌나 배추김치를 곁들여 먹는 것도 맛있었지만, 보드라이 뭉개져 입안에 착 감기는 감자 속살과 그 속에 씹히는 통통한 밥알만으로도 감자밥 자체의 은은한 단맛과 담백함을 느끼기에 충분했다. 그 위에 진한 참기름 몇 방울 떨어뜨려 크게 한 숟갈 입에 넣는 순간 고소한 향이 입 안 가득 퍼지니, 특별한 반찬이나 국물 없이도 어느새 밥 한 그릇 뚝딱이었다.

---

18 언 감자를 말려 가루를 낸 다음 반죽해 빚어 소를 넣고 찐 떡. 취향에 따라 콩, 팥 또는 김칫소나 고기소를 넣기도 한다.
19 감자 전분으로 반죽을 만들고, 그 속에 채 썬 배추와 무를 절이거나 볶아 넣은 만두.
20 감자전.

내 고향은 메조지맛 여름, 체릿빛 가을

"말놀이하러 가자!"

압록강 상류 부근, 내가 살던 혜산의 작은 시골 마을에는 유독 높은 바위들이 많았다. 말 놀이라 함은 말처럼 생긴 바위 위로 올라타는 것, 어른들도 겁낼 법한 험한 골짜기 지대였지만 우리에겐 둘도 없는 놀이터였다. 삐죽한 바위를 점령하고 몸을 열심히 흔들며 말 타는 시늉을 할 때 우리는 세상에서 가장 빠른 경마 선수가 되었고, 그러다 주르륵 미끄러져 시원한 강물에 몸을 던질 때면 풍덩, 소리와 함께 등어리에 맺혀있던 땀방울들이 시원하게 씻겨나갔다.

신나게 물장난을 치다 배가 슬슬 고파지면 요기를 하러 뒷산으로 올라갔다. 숲 깊숙이 들어갈수록 갖가지 산열매들이 잔뜩 열려 있었고, 까치발로 선 우리는 낑낑대며 한 손으로 가장이를 잡고 다른 손으로 열매를 따서는 물에 씻지도 않은 채 허겁지겁 입 안으로 쏙 털어 넣었다. 다래는 키위보다 당도가 덜하고 메조지[21]는 들쭉[22]보다 알이 작다고들 하지만 갓 딴 산열매는 우리의 갈증과 허기를 달래주는 최고의 간식이었다. 땡볕을 피해 넓게 드리운 전나무 그늘막, 동무들끼리 옹기종기 모여앉아 입 안 가득 달콤새큼한 것들을 오물거리며 매미소리에 귀 기울이던 여름날의 기억은, 하나

---

21 들쭉과 비슷하지만 색감이 더 좋으며 들쭉보다 값이 저렴해 생산이 많이 되는 과일이다.
22 블루베리. 고산지대가 많아 자생 블루베리가 흔하다.

의 돌아갈 수 없는 장면처럼 내게 남아 있다.

　그러나 만약 누군가 내게 고향마을에서 가장 좋아하던 장소를 묻는다면 나는 단언컨대 마을 어귀에서부터 시내로 향해 난 동구길을 꼽을 것이다. 울퉁불퉁한 흙길을 걸어 시내중심까지 한 시간 반은 걸렸지만 그 시간 동안 전혀 지루할 틈이 없었다. 하염없이 흘러가는 깊은 푸른색의 압록강 곡선과 앞 다투어 늘어선 날카로운 잿빛 절벽, 자연은 늘 인간은 어떻게든 흉내 낼 수 조차 없는 거침없는 파동과 신념 같은 것을 안고 있었다. 특히나 100m도 넘는 가파른 벼랑 사이에서 흔들리는 구름다리 위를 걸을 때면 나는 식은땀을 흘리며 조심히 발걸음을 옮기면서도 붉게 타는 듯한 단풍에 눈을 떼지 못했다. 그럴 땐 마치 꿈을 꾸는 듯한 기분이 들었다. 국경을 넘어 반대편 중국에서 이쪽을 바라보았더라면 그 장면은 마치 금강산 못지 않게 대단한 절경이었으리라. 만약 통일이 되어 고향에 다시 갈 수 있다면, 잎새가 아름다운 체릿빛으로 물들어가는 화창한 가을날 사랑하는 가족들과 함께 그 바윗길을 다시 한번 걸어보는 것이 나의 소원이다.

모든 말을 하되 아무 말 하지 않는

동무들과 뛰어놀기를 좋아했다고 해서 나를 공부에 관심 없던 천방지축 소녀로 생각한다면 오산이다. 초등학교에 들어가서부터 나는 말 그대로 모범생이었다. 공부를 꽤 잘 했던 우리 오빠도 한 학기에 표창을 한두 개 타 오긴 했지만 나는 조직 활동[23]에서든 수업 과목에서든 거의 모든 표창을 받아올 정도였다.

우리는 북한에서 평생 어떤 조직의 일원으로서 생활한다. 떼려야 뗄 수 없는 조직 생활의 시작은 초등학교의 학내 정치활동이다. 북한에도 남한처럼 각 학급마다 반장과 부반장이 있지만 그 위에 또 '분단'이라는 조직이 있다. 반장은 행정, 분단장은 정치를 담당하는 역할이다.

말하자면, '분단위원장 초급단체비서직'이었던 나는 꽤 권력 있는 학생이었다. 분단위원장이었던 내가 하는 일은 간단했다. 부모님으로부터 얻는 육체는 죽을 때 사라지지만 국가의 정신·정치적 생명은 영원하다. 따라서 정신적 생명력을 여념 없이 갈고 닦도록 다른 학생들을 감독하는 것이 사상적 리더로서의 내 역할이었다. 예를 들어 교실에 있는 수령들의 초상화를 매일 깨끗이 유지하는 초상화 정상사업을 관리하고, 매주 조직에서 이루어지는 '생활총화'에서 사회를 맡았다.

---

23 특별한 목적을 가지고 모임을 만들어 여러 사람을 모아서 집단적으로 활동하는 것을 말한다. 북한에서는 체제 유지를 위해 많은 조직 활동이 이루어진다.

생활총화는 일종의 고해성사였다. 조직의 구성원으로서 얼마만큼의 성과를 냈고 어떤 종류의 부정적인 삶을 살아왔는지, 말 그대로 플러스 요인과 마이너스 요인을 '총화'해서 공개적으로 발표하는 식이다. 나를 성찰하고 반성하는 시간이 끝나면 우리는 누군가를 비판해야만 한다. 비판은 그 사람을 한 주 동안 관찰한 결과로 이뤄지는데, 그러다보면 우리의 일상은 언제나 누군가로부터 감시받는 기분이 들었다. 총화시간 모두가 지켜보는 자리에서 지적을 받고나면 어딘가 마음이 무거웠고, 우리는 친구들끼리 대화할 때조차 조심스러워지며 자연스레 말수가 적어졌다.

생활총화는 학교뿐만 아니라 모든 조직에서 이루어진다. 어릴 때 입단하는 소년단에서든, 성인이 되어서 소속되는 직업총동맹에서든 북한 국민이라면 삶의 매순간 자신이 속한 조직 내의 눈길과 무언의 압박으로부터 벗어날 수 없었다. 모든 말을 하되 정말 모든 걸 말하지는 않는 사회. 북한에서의 학창 시절을 나는 그렇게 기억한다.

너희 부모님은 뭐하셔?

초등학교 성적도 좋았고 학급 간부도 맡았던 나는 오빠를 따라 일중학교[24]에 진학했다. 그때 나의 유일한 목표는

---

24 제1중학교. 영재 교육을 목적으로 설립되어 교육열이 치열하다(북한의 중학교는 한국의 중학교와 고등학교를 합친 체계로, 6년제로 운영된다).

어떻게든 공부를 열심히 해서 성공하는 것이었다. 우리 집은 늘 가난했기 때문이다.

그러나 일중학교에서의 생활은 예상과 달랐다. 처음 입학했을 당시 한 학급의 인원은 44명이었는데, 그중 노동자 신분의 자녀는 나를 포함해 4명뿐이었다. 나머지는 이름만 들어도 알 수 있는 유명한 당원들의 자제인 것을 알고는 깜짝 놀랐다. 이들은 각자 다른 초등학교에서 왔는데도 입학 전부터 서로를 알고 있었고, 오히려 초면인 나의 존재를 의아해하며 내게 물었다.

"너희 부모님은 뭐하셔?"

"우리 아버지는 노동자야. 임산업하셔."

"헤엑!"

그들은 내가 노동자의 딸이라는 말을 듣고선 놀라며 이런 학교에 왜 왔냐는 듯한 표정을 지었다. 그러나 이때까지만 해도 나는 조금 주눅이 들뿐, 어떤 부조리함을 깨닫진 못했다.

'혁명과 건설의 주인은 인민대중이고 혁명과 건설을 개척하는 힘도 인민대중에게 있다.'

'주체사상[25]'이라는 단어는 전에도 익히 들었지만 그 내용을 처음으로 깊이 있게 공부한 것은 일중학교에서였다. 쉽게 말해 개인 운명의 주인은 개인이라는 뜻이다. 나는 나다운

---

25 북한의 최고 통치 이념으로, 정치·경제·사회·문화 등 모든 영역에 유일한 지도 이념이다. 혁명과 건설의 주인은 인민대중으로, 인민대중은 당과 수령을 중심으로 결속되어야 한다고 말한다.

삶을 개척해나갈 수 있다는 자신감이 솟았고, 내가 가진 주체적인 힘은 바로 공부라고 생각했다. 어릴 적부터 온갖 특별 교육을 받은 인공 수재들과 경쟁하기 위해 남보다 배로 노력했고, 반에서 혼자 물리 시험에 만점을 받고 수업 도중 선생님께서 나를 불러 일으켜 대표로 발표를 시킬 정도로 꽤 훌륭한 학생이 되었다.

하지만 공부가 다인 줄 알았던 내 생각은 틀렸었다. 정작 반에서 간부를 맡고 인정받는 사람은 담임선생님께 좋은 뇌물을 갖다 드리고 학교에 큰 물질적 기여를 한 학생들이었다. 물질은 사람의 인격을 만드는 절대적인 기준이었다. 내가 꿈꿔왔던 사회는 그런 사회가 아니었다. 만약 내가 일꾼이 되고 헌신을 하려는 국가와 사회가 이런 모습이라면, 나는 이런 상황을 견딜 수 없을 것 같은 기분이 들었다. 실망감과 더불어, 일중학교를 계속 다니기엔 경제적 부담이 너무 컸다. 자식 두 명 모두 좋은 학교에 다니니 학비가 많이 들었고, 부유한 집안 자제들 속에서 최소한의 체면을 차리기 위해서라도 여기저기 돈을 쓸 수밖에 없었다.

길었던 고민 끝에 일중학교 3학년을 마친 뒤 일반학교로 전학 왔다. 그때부터 나는 부모님의 장삿일을 돕기 시작했다. 새벽 장마당에 나가 외상값을 받는 것부터, 물건을 사고 팔며 어머니의 잔심부름까지 도맡아 하는 열다섯 살 소녀를 마을 사람들은 기특하게 여겼다. 장마당에서 나를 모르는 사람이 없을 정도였다. 돈이 권력을 사고 권력이 다시 돈을 낳는 구조라면, 나는 이 사회에서 잘 살기 위해선 내가 돈을 많이 벌어서 집을 일으켜 세우는 방법 밖에 없다고 생각했다.

그러나 장사를 도와드리면서 북한의 현실이 정말로 녹록지 않다는 것을 두 번째로 깨달았다. 내가 잠자리에 들 때도, 아침에 눈을 떴을 때도 부모님은 주무시지 않고 계속해서 집안일이나 장사 준비를 하고 계셨다. 내가 나중에 성인이 되어 독립된 삶을 살아간다면 최소한 어머니 아버지만큼은 일을 하며 버텨내야 할 것 같았는데, 그 삶이 너무도 고단해 보였다. 삶의 목표가 생계유지인 사회. 생각만 해도 끔찍했다.

"빨리 죽고 싶다."

"죽은 사람이 제일 부럽다."

당시 북한에서 농담 반 진담 반으로 유행하던 말이었다. 우리는 생존 이상의 행복을 누릴 권리가 있는데 삶은 죽음보다도 고달팠다. 물론 잘 사는 사람들도 분명 있었으나 그건 그들만의 천국이었고 대다수는 꿈도 꾸지 못하는 삶이었다. 나는 이 모순으로 가득한 공간을 어떻게라도 빨리 벗어나고 싶었다.

생애 첫 커피, 그 씁쓸함

'다 같은 사람인데도 나와는 얼마나 다른 삶을 살고 있을까.'

탈북에 대한 생각이 한 번 들자 머릿속은 새로운 세상에 대한 상상으로 가득 찼다. 나는 틈날 때마다 압록강변 가장 높은 바위에 올라가 코앞에 있는 중국 땅에서 걸어 다니는 사람들을 바라보았다. 중국에 있는 거지도 부럽고, 강아지도 부럽고, 하물며 길거리에 박힌 작은 막돌[26]마저 부러울 정도였다.

나는 수소문해 구체적인 탈북 계획들을 세우기 시작했다. 3년간의 기다림과 신중했던 준비과정, 다시보지 못할 친구들과의 눈물겹던 고등학교 졸업식, 그리고 드디어 오빠와 함께 중국행 비행기에 오르던 순간들을 나는 잊지 못한다. 그렇게 나는 중국과 라오스, 태국을 거쳐 남한에 오게 되었다.

처음 비행기를 탈 때 나는 설레서 전날 잠도 제대로 못 이뤘다. 비행기를 타고 하늘에 올라가면 나는 우리가 풍선처럼 푸웅푸웅 날아다닐 줄 알았다. 그런데 막상 기내에 올라타 좌석에 앉았는데 승용차가 움직이는 듯한 미세한 진동만 느껴질 뿐, 사람들은 모두 한참을 얌전히 앉아만 있는 것이었다. 나는 우리가 이미 하늘에 떠 있다는 것을 이륙 후 30분이나 지나서 알게 되었다. 좀 싱거웠다. 나의 첫 비행은 생각했던 것만큼 특별하지 않았다.

하지만 내 인생 첫 커피는 충분히 특별하고도 남았다. 태국에서 한국으로 올 적에, 기내에서 와인도 주고 커피도 준다는 것을 우연히 들었다. 말로만 듣던 커피라니! 본 적도 없는 새로운 음료들을 마셔 볼 생각에 가슴이 두근댔고, 비행기에 타자마자 무조건 주문해야겠다고 다짐했다.

---

26 북한에서 '돌멩이'를 이르는 말.

기내에 오른 나는 벨트도 매기 전에 손을 들었다.

"무엇을 도와드릴까요?" 한 승무원이 오더니 친절한 미소를 띠며 물었다.

"코피주세요." 나는 당당하게 말했다.

"아 네, 조금만 기다리시면 가져다 드리겠습니다."

한 5분 정도 기다렸을까. 애타게 기다리는 나의 커피는 오지 않는 것이다. 다시 손을 들었다.

"코피 시켰는데 왜 안 오죠?" 나는 조바심을 내며 물었다.

"조금만 기다리시면 가져다 드리겠습니다." 승무원은 여전히 같은 말만 반복할 뿐이었다.

애간장을 태우던 나는 비행기가 이륙하기도 전에 그렇게 한 번, 두 번 더 손을 들고 승무원을 호출했다. 그렇게 네 번쯤 불렀을까, 결국 답답했던 승무원은 더 이상 화를 참지 못하고 소리쳤다.

"나중에 안정되면 커피 드린다니까요!"

아악…. 그때의 창피함이란! 그렇지만 결국 비행기가 이륙한 뒤 나는 그토록 원하던 커피를 마시며 그 쌉쌀하고 고소한 감동의 첫맛을 느낄 수 있었고, 이후 승무원을 한 번 더 불러 와인까지 알뜰하게 시켜 먹으며 기분 좋게 비행기에서 내릴 수 있었다.

지금은 이렇게 웃으며 얘기하지만, 한때는 목숨을 무릅쓰고 거쳐 온 길들이다. 남한 정착 이후 한 번은 중국으로 일주일간 여행을 갔을 때였다. 북한과 맞닿아 있는 국경선을 따라 백두산을 오르는 코스였다. 힘겹게 지나온 장소들을 다시 마주한다면 나는 엉엉 울 것 같았지만, 막상 중국에 도착하니 담담한 기분이 들었다.

'나는 살아서 왔지만 죽어서 묻힌 사람들은 얼마나 될까.'

백두산 천지에 올랐을 때 가장 먼저 든 생각이다. 용기내어 시도한 탈북 과정에서 안타깝게 목숨 잃었을 이들을 생각한다면, 나는 힘들었던 과거에 대한 개인적인 감상에 젖을 수 없었다. 눈앞에 보이는 깊은 호수와 그 위로 청명하게 비치는 뭉게구름은 이렇게도 아름다운데 현재도 앞으로도 위험한 상황들이 수없이 진행되리라는 것이 안타까웠다. 단순히 슬펐던 과거로만 매듭짓기엔, 그 불공평하게 아름다운 국경선은 누군가에겐 여전히 희생과 아픔이 반복되는 잔인한 공간이었던 것이다.

순간의 감동을 넘어 냉정한 현실로

오랜 시간 꿈꾸며 어렵게 도착한 남한이지만, 막상 부딪친 현실 속에서 나는 당황할 수밖에 없었다. 북한을 떠날 때의 유일한 목표는 '남한에 오는 것'이었고 그 이후의 삶에 대해선 한 번도 구체적으로 생각해본 적이 없기 때문이다. 그러나 꿈을 이루었다는 기쁨은 잠시, 남한에서 살아남기 위해선 또 이 사회의 요구에 따라 인정받아야 하고, 어떤 기준 안에 들어가야 한다는 것을 그제야 깨달았다.

남한에서의 적응 방법을 하나둘씩 익혀나간 곳이 바로 하나원이었다. 처음 남한에 도착해 하나원에서 3개월 정도

교육을 받았다. 예컨대 핸드폰에 대해 배우는 날엔 핸드폰 이름들부터 시작해, 홈버튼이 무엇인지 스피커는 어디에 있는지를 배우고 직접 핸드폰을 만져보며 키패드도 눌러보았다. 또 함께 시내로 나가 은행에서 대기표 뽑는 법, 버스 탈 때 교통카드 찍는 법 등을 배우며 기본적인 것부터 하나씩 연습해 갔다.

조금씩 남한생활에 익숙해지며 나는 진로에 대한 고민을 시작했다. 어렸을 적부터 잘 먹고 잘 사는 것이 꿈이었던 나는, 월급으로 150만 원을 준다는 한 국밥집에서 일하며 돈을 벌기로 했었다. 그런데 출근 전날 밤, '과연 150만 원에 내 젊음을 거는 것이 맞을까'라는 생각이 들었다. 어쩌면 내 나이엔 또 다른 좋은 기회들이 많지 않을까?

그때 부모님이 떠올랐다. 말 못할 사정으로 부모님은 함께 올 수 없었으나, 처음 북한을 떠날 때부터 남한에 정착한 이후까지도 가족 생각이 나지 않은 순간은 단 한 번도 없었다. 기쁠 때도 슬플 때도, 밥을 먹거나 잠자리에 들 때도 북한에 남겨진 부모님이 떠오를 때면 나는 그들에 대한 걱정과 그리움으로 괴로웠다.

당시 하나원에서 만난 사람들도 나와 다를 바 없었다. 다들 묵묵히 살아가며 한국에 온 것이 그렇게 좋다고들 말하지만 정작 찔렀을 때는 말도 못할 아픈 부분들이 모두에게 하나씩은 숨겨져 있던 것이다. 우리가 경험한 것들은 분명히 하나의 사회적인 문제인데 우리의 아픔을 말하려 해도 '안타깝다', '너무 슬프다' 등의 감정만 둥둥 떠다닐 뿐 구체적인 언어로 전달할 수 없었고, 그러다보니 어떤 또렷한 해결책도 나오지 않았다. 우리들의 이야기는 한 순간의 감동을 선사할 뿐이었다.

그래서 나는 탈북민들의 상황을 지식으로 전달할 수 있는 사람이 되어야겠다고 결심했다. 내 안에 가족이라는 이름의 가시가 남아있는 한, 우리가 겪고 있는 현실 문제들을 외면할 수 없었다. 익명의 짧은 에피소드들을 구체적이고 진지한 사회문제로 발전시키기 위해선 다른 무엇보다도 공부가 필요했다.

영어, 영원한 나의 적수

결국 나는 국밥집 대신 대학에 진학했다. 지금도 그 선택을 후회하진 않지만 대학 생활이 영 순탄치는 않다. 놀랍게도 나를 가장 힘들게 하는 것은 북한 사투리도 사회적 시선도 아닌 '영어'다. 아, 한국 대학생들은 다들 어찌나 그렇게 영어를 잘하는지! 처음 대학에 입학해 영어 강의에 들어갔을 때, 나는 교수님과 수강생들이 하는 말을 단 한 문장도 알아들을 수 없었다. 절망스러웠던 나는 지옥 같던 수업이 끝난 뒤 따로 교수님을 찾아가 말씀드렸다.

"교수님, 제가 남한에 오기 전에 A, B, C, D는 배웠어도, 마지막 알파벳 Z까지는 진도를 나가지 못한 상태라 수업을 따라가는 것이 정말로 어렵습니다."

"아, 괜찮습니다, 학생. 그래도 하다보면 다 하게 됩니다."

이럴 수가! 교수님에게서 돌아온 대답은 얄짤 없었고, 그는 오히려 온화한 미소를 지으며 열심히 공부해 보자고 나를 격려해주셨다.

결국 입학과 동시에 나는 많은 시간을 투자하고 피눈물을 흘리며 열심히 영어공부를 했지만, 아직도 영어는 내게 큰 난관으로 남아있다. 특히나 이번 학기엔 영어강의를 세 개나 듣고 있는데, 강의실에 들어설 때마다 심장 쪽이 아프게 조여 온다. 평소의 나는 성격이 정말 밝은 편이지만 영어시간만 되면 세상세상 어두울 수 밖에 없다. 교수님이 강의시간에 TED 영어강연을 틀어주실 때마다 파란 눈 외국인이 영어로 농담을 던지면 다른 학생들은 다 소리 내어 웃는데 나는 혼자 스크린 하단에 작게 나오는 자막을 보면서 뒤늦게 "허허…." 하면서 힘없이 웃는다. 심지어는 밤에 자려고 누웠을 때도 불현듯 영어가 떠오르면서 "으으으…." 소스라친 적도 있다. 아아, 영어는 이토록 나를 괴롭혀왔고 지금도 괴롭히는 중이며 앞으로도 괴롭힐지어다!

이렇든 저렇든 내 삶의 주인공

이따금씩 대학 졸업 후엔 무슨 일을 할지 진지한 고민에 빠진다. 대학입학을 결심했을 때의 상황과 지금의 내가 처한 상황은 많이 다르기 때문이다.

탈북민. 북한 사람. 초기 정착자.

갓 대학생이 되었을 때만 해도 나를 꾸미던 수식어들은

모두 북한과 관련된 것들이었다. 그리고 어떻게 보면 그 수식어들을 언급함으로써 여러 사회적 지원을 받을 수 있었다. 그러나 생활이 점차 안정되면서 이제는 북한 외에도 '나'의 영역이 생겼다. 나는 대학에서 공부를 하고 있고, 배운 지식으로 과외를 할 수도 있고, 작은 편의점에서 알바를 할 수도 있다. 예전에는 북한에 감정적으로 집중이 되어있었는데 어느 순간 보니 나는 그 외에도 재밌게 할 수 있는 게 참 많다는 걸 깨달았다. 그러다보니 나는 북한문제들을 해결하기 위해 대학에 왔지만, 그 삶이 정말 내가 바라는 삶일까 라는 생각이 들 때가 있다.

하지만 그렇다고 해서 '북한 사람'이라는 정체성을 완전히 지워버리고 싶진 않다. 나는 '나답게' 살고 싶어 북한을 떠났다는 생각에, 처음 남한에 왔을 땐 완전히 새로운 나만의 정체성을 찾고자 애를 썼다. 그러나 내가 겪어온 20년의 시간은 북한에서 비롯된 것이고 내가 내리는 결정, 사고방식, 행동들은 모두 그 영향에서 완전히 벗어날 수는 없다는 것을 알게 되었다.

그래서 그냥 받아들이기로 했다. 어차피 벗어나지 못한다면, 북한은 나의 자연스러운 일부이자 이 사회에서 내가 해나갈 수 있는 역할을 뒷받침해주는 힘이 되리라 생각한다. 내 삶의 방향을 조금 틀 수도 있고 내 마음 속 북한의 영역을 키워나갈 수도 있지만 그 삶의 주인공이 나라는 점은 변함이 없다. 그러니 이젠 북한이라는 큰 주제 속에서도 내가 하고 싶은 일들을 하나씩 발견해 나가고 싶다. 그렇게 오랜

습관과 새로운 열정을 녹여 만들어나가는 미래를 나는 꿈꾼다. 어릴 적부터 배워온 것처럼, 각자의 운명은 각자의 것이므로.

4장

청진 포도:
남북을 내로라하는 배우가 꿈입니다

●

함경북도 청진 출신으로, 남한생활 6년 차이다.
어릴 적 꿈은 노래방 사장님이었으나
현재는 서울예술대학에서 연기를 공부하며 배우로 활동 중이다.
가장 좋아하는 고향 음식은 잘 여문 여름 청포도이다.

뱃속의 작은 청포도농원

봉봉은 누가 만들었을까? 신의 음료수인 듯하다. 어떤 외국인은 그걸 처음 마셔보고선 달콤한 콧물 음료라고 하던데, 포도를 사랑하는 나는 봉봉 속 포도 알맹이들이 목구멍으로 꿀러덩꿀러덩 넘어가는 느낌이 참 좋다. 조그마한 알루미늄 캔 속에 그 맛있는 포도알이 몇 없다는 점이 아쉬울 뿐이다.

지금도 여름이면 해마다 외할머니 댁에 놀러가 청포도를 따 먹던 어릴 적이 기억난다. 청진 시내에서 조금 떨어진 외곽에 위치한 외할머니 댁, 그 집 앞마당에는 늙은 포도나무에서 탐스러운 청포도들이 넝쿨째 주렁주렁 열렸다. 가장 달고 먹음직스럽게 익은 포도들은 유독 알이 파랗고 투명했으며, 나는 그것을 누구보다도 먼저 차지하기 위해 아버지를

졸라 또래 사촌들이 오기 전 외할머니 댁에 가장 일찍 도착했다.

안타깝게도 그때 먹던 청포도 품종을 한국에선 쉽게 찾아볼 수 없다. 남한 마트에 흔히 있는 칠레산 청포도는 보통 알이 길쭉허니 크고 새콤한 맛이 강하다. 반면 내가 고향에서 먹던 청포도 알은 수입 청포도의 3분의 2정도 크기로 앙증맞게 똥글똥글한데다 신맛은 하나 없이 달콤해, 한입 깨무는 순간 시원한 포도즙이 터져 나와 목구멍 속으로 싱그럽고 푸르른 여름의 맛이 흘러넘쳤다. 아아, 한 번 먹으면 다시는 못 깨어나는 맛이었다. 벌들이 가만히 놔두지 않는 데엔 이유가 있었다.

청포도를 제대로 먹을 줄 아는 사람이라면 이미 알 것이다. 청포도 몇 알을 한 번에 입 속으로 투여해야 한다는 것은 중요한 원칙이다. 마치 봉봉을 마실 때 아무 생각 없이 시큼한 음료와 함께 마지막에 가라앉아 있던 너부죽한 포도 알들을 목구멍 뒤로 쑥쑥 넘겨버리는 것처럼, 나는 청포도 두세 알을 따다가 입안에 쏙 넣고선 껍질이건 씨건 뱉지 않고 대충 오물오물 씹어서는 꿀떡 삼켜 버렸다. 그런 손녀를 보며 할머니는 너 그러다가 몸에서 포도나무 자란다고, 그러다 장 터지면 어떡할 거냐고 겁을 주곤 했다. 그 말을 들은 나는 여름밤 삼베 이불 위에 드러누워 청포도로 볼록한 배를 들여다보며 고민 반 설렘 반으로 잠들곤 했다. 진짜로 배 속에서 나무가 자라나면 어떡하지, 하지만 그럼 내가 좋아하는 청포도를 실컷 먹을 수 있으니 땡 잡은 것 아닌가 하며.

없는 게 없는 해안가 마을

한반도 지도에서 토끼 귀때기 쪽에 있는 청진, 그중에서도 수남 구역에서 나는 태어났다. 내가 기억하는 고향의 풍경은 자연이 아름답고 빛깔이 아기자기한 지브리 애니메이션 같은 장면들이다. 어릴 적 살았던 단독주택의 널찍한 마당에서 작은 다육이들을 키우거나 생선을 말렸고, 하늘나리와 수국이 만개한 주택가를 동무들과 뛰어다녔다. 저녁놀이 질 때면 들판 위에 나란히 앉아 노랫가락을 흥얼거리며 수박 속살처럼 물드는 하늘을 지켜보는 것이 행복한 저녁 일과였다. 저물녘 지평선은 늘 공평하게 아름다웠다.

사람들이 많이 모여 사는 상업도시이다 보니 청진은 갖가지 시설들이 잘 갖춰져 있었다. 그토록 기다리던 생일이면 아버지는 나를 인형 상점으로 데려가 마음에 쏙 드는 봉제인형을 사주셨고, 새해가 오기 전엔 할머니와 함께 은덕원[27]에 가서 몸을 씻었다. 할머니가 온탕 속 선녀 분수대에 앉아 한 시간도 넘게 가만히 땀을 빼고 계실 동안 나는 구석에 마련된 수영장에서 물 만난 고기처럼 신나게 물장난을 쳤다. 오빠들과 인라인스케이트장에 놀러갈 때도, 동무들과 놀이터에서 숨바꼭질할 때도 덤벙대는 나는 몇 번이고 넘어져 팔꿈치와 무릎이 성할 날 없었다. 특히나 요즘 한국에선 놀이터를 오색 플라스틱으로 새로 짓지만, 우리 동네 놀이터엔

---

27 북한의 대중목욕탕.

쇠로 만든 놀이기구뿐이었다. 가장자리는 녹슬고 미끄럼 부분은 닳고 닳아 반질반질해진 쇠 미끄럼틀을 대여섯 번만 타고 나면, 바지 엉덩이 쪽도 금세 닳아버려 기름칠한 것 마냥 빤질빤질해졌지만 우리는 아무 걱정 없이 그 재밌는 것을 한 번이라도 더 타려고 미끄럼틀 위로 앞 다투어 올라갔다.

항구가 발달한 덕에 오징어나 홍게, 새끼문어와 같이 내가 좋아하는 수산물을 마음껏 먹을 수 있는 것도 장점이었다. 한국에선 찾아보기 어려운 러시아산 털게를 사다 쪄먹는 날에는 붉으락푸르락 못생기고 뚱뚱한 게다리 속에 게살이 가득가득 차 있어, 그것을 한 마리 다 먹으면 처음엔 고소하다가도 나중엔 너무 느끼하고 기름져서 머리가 아플 정도였다. 아마 치킨만큼의 칼로리일지도 모른다!

"오징어는 딱 반으로 갈랐을 때 펼친 면적이 넓을수록 돈을 많이 준다."

해마다 겨울철이면 오징어를 수십 마리씩 말려서 팔던 우리 할머니가 늘 하신 말씀이었다. 그 말을 들은 우리는 오징어 면적을 어떻게든 늘리려고, 할머니를 따라 마당에 멍석을 깔아두고 돈가스용 돼지고기를 얇게 두드리는 것처럼 종일 오징어를 꾹꾹 밟았다. 힘 조절을 잘못해 오징어 살에 실수로 구멍까지 내버렸을 때나 물컹물컹한 껍질 위로 주르륵 미끄러졌을 때나, 가슴 졸이며 시린 발 움직이던 겨울날 그 풍경은 다시 오지 않을 바닷가 고향에서의 추억으로 남았다.

너를 동생 이상으로 생각해 본 적 없어

어릴 적 성악을 전공했던 나는 청진예술고등학교 성악과를 졸업해 예술대학교에 진학했다. 처음엔 부모님의 등쌀에 떠밀려 마지못해 외국어고등학교에 입학했으나 아아, 그것은 잘못된 선택이었다. 다들 영어를 미국인처럼 잘하는데 내가 아는 영어라곤 헬로우 밖에 없었던 것이다. 그나마 노래에 소질이 있던 나는 결국, 오선지도 보지 못하던 상태에서 성악입시를 준비해 2년간 열심히 노력한 결과 예술고등학교로 전학하게 되었다.

북한의 예술고등학교에도 성악과, 무용과, 미술과, 기악과가 있지만 '화술과'가 있다는 것은 뜻밖일 것이다. 한국으로 치면 개그맨 지망생들이 가는 학과다. 말을 재밌게 해서 사람을 웃기는 화술을 배우고, 성대모사를 제대로 연습해 성우 쪽으로 나가기도 한다. 또 한 가지 독특한 점은, 북한에서는 국악을 거의 배우지 않는다. 나는 남한에 와서 판소리를 처음 들어봤다. 그 때는 어떻게 사람의 목에서 그런 소리를 낼 수 있을까 싶을 정도로 신기했다. 꽹과리도 우리는 농촌에서 새참 먹으라는 신호로만 땡강땡강 두드리는데 한국에선 사물놀이라는 예술 공연에도 쓰더라. 남한에서 예술을 전공하는 사람들 중 여성들의 비율이 압도적으로 높다는 말을 듣고도 조금 놀랐다. 북한의 경우 무용이나 성악과에서는 여자가 많은 반면 기악이나 미술, 화술과에선 남자의 비율이 훨씬 높기 때문이다.

그러다보니 서로 다른 반에서 남녀 커플이 탄생하는 경우가 많았다. 한 번은 나도 기악 반에 어떤 선배를 짝사랑하게 되었다. 베이스를 치는 오빠였는데, 학예회 날 공연하는 모습을 보고 첫눈에 반한 것이다. 며칠 밤을 고민하던 나는, 그 오빠도 내게 관심이 있으리라는 확신에 차서 큰마음 먹고 문자를 보냈다.

'오빠, 저 오빠랑 친하게 지내고 싶어요. 오빠만 괜찮으시다면 오빠 동생 사이 안 될까요?'

북한에서는 그게 사귀자는 멘트다. 그런데 답장이 오기를,

'미안해. 나는 너를 동생 그 이상으로는 생각해 본 적이 없어.'

청천벽력 같은 소리였다…. 그는 나를 한 번도 여자로 생각해 본 적이 없다니! 너무 크게 상처를 받아서 며칠간 학교도 못 갔다. 얼굴조차 못 들겠는데 학교를 대체 어떻게 가겠는가. 그런데 얼마 뒤 그 오빠가 말없이 평양으로 이사를 가 버렸다. 내 입장으로서는 다행이었다. 그는 아마 평양음악대학에 다니면서, 집도 부자고 얼굴도 잘 생겨서 승승장구 할 것이다. 지금까지 늘 응원하는 마음이다.

하지만 슬프게도 고등학교 시절 내내 좌절의 역사는 계속되었다. 자랑은 아니지만 나는 남자에게 정말 많이 차여봤다. 왜 항상 내가 좋아하는 사람은 나를 싫어하고 내가 싫어하는 사람은 나를 좋아하는 것인지, 세상은 도무지 알 수 없는 노릇이다.

내 나이 열다섯, 장래희망은 노래방 사장님

음악을 하는 자식이 등골브레이커라는 인식은 북한에서
도 마찬가지다. 학비에, 사교육비에, 부모님은 바짓가랑이가
너덜너덜해질 때까지 돈을 써야 한다. 대학 입학시험부터가
난관이다. 1, 2차는 실기시험을 보고 3차는 체력 테스트와
건강검진을 하는데, 마지막 단계가 특히 어렵고 성악과의 경
우 최종적으로 한 학년에 20명밖에 뽑지 않아 경쟁이 살벌
할 수밖에 없다. 그러다 보니 자연스럽게 뒷돈이 오고 간다.
아무리 내가 실력과 인물이 뛰어나도 돈이 많은 부잣집 아
이들이 치고 올라오는 것이다.

뿐만 아니라 졸업하고 일을 시작하더라도 돈을 특별히
많이 벌지는 못한다. 북한은 사회주의 체제기 때문에 배우나
가수도 남들과 비슷한 월급을 받고 산다. 한국은 팬 문화가
발달해 좋아하는 가수에게 먹을 것도 보내고 후원도 하지만
북한에선 그런 문화가 전혀 없다. 가수의 유일한 장점은 평
양 시에서 거주할 수 있다는 점이다(평양 시는 정말로 아무나 거
주할 수 있는 지역이 아니다!). 그렇기에 예술가로서 독립해 열심
히 일하더라도 가난하게 살지 모르는 일이고, 그러면 또 부
모님으로부터 재정적 지원을 받을 수밖에 없다.

그래서 나는 예술 말고 차라리 다른 사업을 벌여 돈을
벌고 싶었다. 곰곰이 생각해본 결과, 노래방을 차리면 장사
가 잘 될 것 같았다. 북한 노래방은 요금이 매우 비싼데도
젊은 사람들이 자주 찾았다. 나름대로 성악전공도 살리는 일

이고, 청진 시내에는 노래방이 몇 군데 없는데다 한 시간 요금이 쌀 4kg 값 정도 되니 이것이야말로 사업 아이템이 아닐까 싶었다. 아마 한국만 오지 않았더라면 지금쯤 청진 최대 규모의 노래방 사장님이 되어 있었을지도 모른다.

노래방 사업의 중요한 첫 단계는 친절한 직원을 고용하는 것. 북한 노래방도 방음 처리된 개별 공간 속에 노래방 기계가 있다는 것은 남한과 같지만, 독특하게도 우리는 방마다 안내원이 있다.

"이 노래 틀어주소."

원하는 곡을 말하면 안내원이 알아서 기계의 번호를 꾹꾹 눌러서 신청곡을 틀어주었다. 손님이 이용을 시작할 때부터 마칠 때까지 한쪽에 가만히 서서는 필요할 때마다 자기 일을 하는 안내원이었다. 요금이 비싼 만큼 값어치를 하는 프리미엄 시스템이다.

노래방 기계에 있는 노래들은 모두 당 중앙의 검열을 거친 북한 노래들이지만, 생각보다 많은 곡들이 있다. 북한에선 영화의 경우 일 년에 한 편도 잘 안 찍는 것 같은데 노래는 매년 몇 천 곡씩 신곡들이 나온다. 보통은 모란봉악단 노래나 계몽기 가요처럼 김정일, 김정은이 포함된 내용의 곡들이다.

하지만 만약 한국 가요가 듣고 싶다면 음원 가게에서 몰래 구매해 USB에 담아온 뒤, 컴퓨터와 핸드폰에 블루투스를 연결해서 듣곤 했다. 북한에서도 스마트폰을 쓰다 보니 휴대전화나 컴퓨터끼리 음악을 공유할 수 있었다. 당시 가장 뜨거웠던 인기곡은 누가 뭐래도 남한 드라마 '꽃보다 남자'에 나오는 OST들이었다. 아, 거기 나오는 남자들은 하나같이 정말 꽃보다 곱더라. 친구들과 나는 '내 머리는 너무나 나쁘다'는 노래를 몇십 번이고 반복해서 들으며 주옥같은 장면들을 하나하나 떠올렸다.

그 드라마를 보며 나는 남한에 대한 환상을 조금 키웠던 것 같다. 저기는 다 저렇게 잘생기고 예쁜 사람만 살고 모두가 궁전 같은 이층집에서 사는가 보다. 하지만 그때까지만 해도 막연한 부러움에 머물 뿐, 탈북을 결심한 계기는 따로 있었다.

멋모르고 내린 결심, 11일간의 행운이 따르다

우연히 탈북을 결심했지만 북한에서 남한에 도착하기까지 나는 2주도 걸리지 않았다. 어떤 이들은 중간에 국경을 넘다 붙잡혀 다시 북한으로 돌아가고, 어떤 이들은 중국에서 십 년씩 눌러앉아 살다가 한국으로 왔다던데 나는 처음 결심부터 오는 과정까지 모든 것이 속전속결이었다.

열아홉 살 적, 나의 친엄마와 오빠는 남한에 있고 나는 아버지와 새엄마와 살고 있었다. 그러던 어느 날 새엄마와 작은 말다툼을 한 뒤 집을 나와 어디를 갈지 고민하는데 갈 곳이 없었다. 그래서 친엄마에게 전화해, 다짜고짜 엄마 있는 곳으로 가고 싶다 말했다. 그러자 어머니가 브로커를 소개시켜주셨고, 이틀 정도 걸려 국경 근처 혜산 시에 도착하니 그 브로커가 미리 와 있었다. 멋모르고 내린 결심으로 그 날 나는 그와 함께 압록강을 헤엄쳐서 국경을 넘었다.

당시 브로커 한 명 가격이 천만 원이었는데 지금은 더 올라서 삼천만 원이라고 한다. 돈을 많이 주고 좋은 브로커를 고용하는 것도 중요하지만, 그보다도 중요한 것은 운인 것 같다. 나 또한 강을 건너다 붙잡힐 뻔했다. 압록강 상류를 정신없이 헤엄치는데 군인들이 뒤에서 총을 쏘는 소리가 고막을 시리게 울렸다. 불현듯 브로커가 해준 말이 머릿속에 떠올랐다. 혹여나 군인들이 총을 쏘더라도 앞만 보고 가라고, 맞아 죽을 바에야 가다가 죽는 게 낫다고. 모 아니면 도다, 나는 눈 딱 감고 펑펑 터지는 총소리를 무시하며 계속해서 헤엄쳤다.

압록강을 건너 중국에 도착한 나는 태국 이민자 수용소를 거쳐 한국으로 들어왔다. 그때도 내겐 운이 따랐다. 원래는 대기자가 많은 탓에 수용소에서 한 달을 지내야 했는데, 우리 앞 기수 사람 중 한 명이 눈병에 걸려 그 기수 100명에게 전원 이동금지령이 내려졌다. 그 덕에 우리 기수는 운 좋게도 먼저 비행기를 탔고, 나는 태국에 도착한 지 일주일도 안 돼서 남한에 올 수 있었다. 길 위에서만 거의 정확하게 11일을 보냈다.

갖가지 고난을 많이 겪은 다른 탈북자 분들에 비하면 나는 죄송스러울 정도로 무탈하게 왔지만, 그 짧은 기간에도 여러 수난이 있었다. 특히 한평생을 익숙한 고향 마을에서만 보냈던 내게 태국 수용소에서의 생활은 공포로 다가왔다. 제대로 씻거나 잠을 편히 잘 수 없는 것은 물론, 밥을 먹을 때 수저가 없어 더러운 손으로 음식을 집어 먹어야 했다. 테이블 맞은편에 앉은 마약 중독자 죄수들의 눈빛은 항상 초점을 잃고 있었고 그 동공 속을 찬찬히 들여다보면 나도 모르게 빨려 들어갈 것만 같았다. 교도소 복도를 지나다닐 때 머리를 길게 늘어뜨린 여죄수들은 창살에 대롱대롱 매달린 채 우리를 빤히 쳐다보았고, 나는 겁에 질린 티도 내지 못하고 그들을 못 본 체하며 앞으로만 걸어갔다.

당시 나는 모험을 하는듯한 느낌이 강했다. 북한에서는 해외여행을 상상조차 해보지 못했으니 꼭 근사한 타임머신을 타고 TV 속으로 들어가는 느낌이었다. 자고 일어나면 모든 것이 다 원래대로 돌아가 있을 것처럼. 아마 너무 짧은 시간에 모든 것을 결정하고 진행한 일이라 나조차도 잘 와닿지 않았던 것 같다. 나는 아직까지도 그때의 내 감정이 나의 것이 아닌 것 같다.

한국인에게도 한국말은 어려워

2014년 7월 탈북 후, 국정원과 하나원을 거쳐 실제 한국 사회에 나온 것은 2014년 12월이었다. 말하자면 이제 한국 생활 6년 차에 접어들었다. 나름 적응이 되었다고 생각하는데도 여전히 한국의 모든 것이 낯설고 힘들다. 나를 가장 괴롭혔던 것은 사람들이 나를 무시하거나 얕잡아 볼 것 같다는 두려움이었다. 그래서 더욱 티를 내지 않으려 했다. 우울

해도 우울한 표정을 숨기고 항상 밝은 척을 하며 살아가는 것이 지금 내겐 익숙해진 것 같다. 하지만 한국에 와서 제일 먼저 고치고 싶었던 것은 다른 무엇도 아닌 북한 사투리였다.

"이것 좀 주시오? 이것 좀 주세요."

처음 마트에 갔을 때에도 나는 북한 사람이라는 것이 티가 나면 나를 동물원의 원숭이처럼 볼까봐 그 시선이 싫어서 항상 말없이 카드결제를 했다. 그러면서 저녁마다 TV 속 홈쇼핑이나 드라마 속 배우들의 대사를 혼자 따라 해보고, SNS에 올라오는 글들을 소리 내어 읽어보며 표준어발음을 연습했다.

여전히 가장 어려운 것은 여기저기서 들려오는 외래어들이다. 특히 대학 이론수업 시간에 교수님들이 하는 말에서 이해가 안 가는 단어들이 있어도, 질문을 하면 수업흐름이 끊기고 모두가 나를 주목하는 것도 싫어서 그냥 가만히 있는다. 나는 차라리 시험을 볼 때도 모르는 것은 그냥 넘기고, 백지장을 내고 당당하게 다니는 편이다. 하지만 의미를 알 수 없는 낯선 말들이 공중에서 떠다니는 것이 답답한 것은 사실이다. 더 공부한다면, 일상생활에서 아무렇지 않게 외래어를 사용하는 날이 내게도 올까.

저 사실 조선족이에요

남한에 온 지 얼마 안 되고 소개팅을 나갔을 때였다. 내 말투가 좀 이상했는지 상대방이 물었다.

"혹시 고향이 어디 쪽이신가요?"

"저 사실 조선족이에요."

조선족이라 할까 북한 사람이라 할까 고민하다가, 왠지 조선족이라 하면 덜 싫어할 것 같았다. 그런데 아뿔싸, 그는 내게 다른 것들을 이것저것 묻기 시작하는 것이다.

"어, 그러면 중국말도 잘하시겠어요."

"어…. 아니요. 그게 저희 아버지가 조선족이라 계속 조선족 학교만 다녀서 이제는 중국말은 아예 못해요, 그게…."

결국엔 이 핑계 저 핑계 대다가 거짓말이 거짓말을 낳으면서 횡설수설했고, 너무 갑갑해서 중간에 먼저 나와 버렸다. 차라리 처음부터 북한 사람이라고 할 걸. 그래서 그 다음부터는 솔직하게 말한다. 한번은 소개팅에 나갔는데 북한에서 왔다 하니 오히려 관심을 갖고 좋아하는 사람도 있었다. 그는 자기가 먼저 고향을 밝혔다.

"저는 부산 사람이에요."

"아, 그러시구나. 저도 다른 데서 왔어요."

"어디요?"

그때부터 내 고향 퀴즈가 시작되었는데 이 사람이 도무지 눈치를 못 채는 것이다. "전주요? 목포요?" 그렇게 스무 번도 더 넘게 묻다가,

"혹시 북한?"

"네."

"와 정말 신기해요, 저 사투리 좀 알려 주세요."

처음에는 나를 북한 사람이라고 멀리하지 않을까, 하는

두려움이 있었지만 막상 볼수록 그런 사람들은 많지 않더라. 정말로 좋은 사람들이 많은데 나쁜 시선을 보이는 한두 명 때문에 혼자 고민에 매여 있을 필요는 없다고 느꼈다. 그리고 방송을 해서 얼굴도 많이 알려지다 보니, 이제는 내가 먼저 오픈한다. 나 북한에서 왔다고. 그러면 갖가지 질문들이 쏟아지지만("북한에서는 정말 굶어?", "북한에서는 쌀 대신 감자 먹어?"), 어떤 질문을 듣는다 해서 상처를 받지는 않는다. 그저 내 고향에 관심을 가져주는 사람들에게 내가 대답해줄 수 있는 선에서 최대한 대답해줄 뿐이다.

인생2막, 연기의 길을 걷다

북한에서는 노래방 주인이 되고 싶었지만 현재는 연기자로서의 꿈을 꾸고 있다. 정착 초기엔 아무래도 어릴 때 성악을 전공했으니 가수를 준비해볼까 싶어, 주변에 작곡가와 가수 분들을 찾아가 내가 노래를 하면 어떨지 여쭈어 보았다. 그런데 돌아온 말은,

"아유, 너는 하지 마."

너는 뽕필(feel)이 있어서 발라드는 어렵고 트로트가 잘 어울릴 것인데 남한에는 이미 훌륭한 트로트 가수들이 많다는 것이다. 그래서 다른 진로를 고민하던 차, 노래뿐만 아니라 연기에도 관심 있던 나는 오디션을 치르고 주연배우로 캐스팅되어 뮤지컬을 시작하게 되었다.

하지만 두 달의 연습 기간과 한 달간의 공연 기간이라는

빽빽한 일정을 소화해내는 것은 쉽지 않았다. 노래, 안무, 연기 삼박자를 갖춰 끊임없이 연습을 하려니 체력이 약한 편이 아닌데도 너무 힘에 부쳤다. 그래서 이것은 내 길이 아니다 싶었다.

그런 뒤 도전한 것이 배우의 길이다. 두 달간 연기학원을 다니며 서울예술대학교 입시를 준비했다. 이곳에서 떨어지면 연기도 못 하고 어떡하지, 걱정했는데 다행히 운이 좋았다. 예대 진학과 함께 연기의 길을 걷기 시작하며 여러 군데 오디션들을 보러 다녔고, 처음엔 여러 번 떨어지거나 작은 단역을 맡는 데만 그쳤지만 이제는 주연배우로도 활동하게 되었다. 나에게 따라 준 여러 행운이 감사하고, 나 또한 아직까지는 잘해낸 것 같다.

선배님들이 항상 말씀하시기를, 연기는 늘 내가 경험한 것으로부터 나온다고 한다. 그러니 다양한 정체성을 경험해 본 것이 나로서는 감사한 기회였고, 북한과 관련된 소재의 영화나 드라마에서도 출연할 수 있는 기회도 주어지기도 한다. 하지만 북한 관련 작품이라 해서 무조건적으로 북한 배우를 쓰는 것도 아닐 뿐더러 아무리 본토발음을 잘 구사하더라도 연기력이 우선되어야 하는 것이 사실이다. 내가 아직은 많이 연습해야 할 부분이다.

어느 한여름 밤의 꿈

남들보다 뒤처지기 싫어 항상 열심히 따라가다 보니 여기까지 온 것 같다. 여전히 부족한 점이 많지만, 나는 남북을 내로라하는 통일배우가 되는 것이 꿈이다. 통일이 된다면 남북을 왔다 갔다 하며 드라마배우, 영화배우로 활동하고 싶다. 북한 사투리와 한국의 표준말 모두 구사할 수 있으니 어떤 역할에도 어울리는 배우가 되도록 노력할 것이다.

누구나 하고 싶은 것은 많을 것이다. 그런데 그 꿈들 중에서도 확실한 것을 정해서 이것저것 우리가 젊을 때 해볼 수 있는 시도들을 해보면 좋은 기회들은 정말로 많이 오는 것 같다. 그리고 그 기회를 잘 잡아 자기 할 일 묵묵히 하며 살다보면, 언젠가는 우리도 고향 갈 날이 오지 않을까.

이제 와서 후회하는 것 중 하나는 아버지께 마지막 인사를 드리지 못하고 탈북한 것이다. 말없이 집을 나온 뒤 이틀 만에 국경 앞에 서서, 강을 건너기 전 아버지께 마지막으로 전화를 걸었다. 당신 입장에서는 당황스러울 수밖에 없었을 것이다. 갑자기 수화선 너머로 아버지의 우는 목소리가 들려오는 것이다. 나는 19년 인생을 살면서 아버지가 우는 것을 그때 처음 들었다. 너무 슬프게 울면서, 안 가면 안 되겠냐고, 미안하다고 하셨다. 그 목소리를 듣고 나도 모르게 거짓말이 나왔다. 어머니가 아파서 남한에 가서 내가 보살펴드려야 해요. 그러자 아버지는, 그러면 남한에 무사히 도착해서 어머니 돌봐드리면서 잘 살고 있으라 말했다. 이후 남한 정착 2년 만에 아버지께 연락을 드렸다. 그때 역시 전화를 하며 많이 울었던 것처럼 지금도 아버지를 떠올리면 눈물이 난다. 통일이 되지 않는다면 우리가 영원히 볼 수 없다는 사실이, 이제는 익숙해질 만하면서도 매번 낯설고 무겁게 다가온다.

그럴 때마다 나는, 우리 가족이 다함께 모여 앉아서 따뜻한 밥 한 끼 먹는 풍경을 마음속으로 그려본다. 누군가에게는 평범한 일상일 것이고, 누군가에게는 너무 소박한 바람일 수 있지만 나에겐 가장 간절한 소원이다. 어느 여름날 저녁 홀렁홀렁한 반팔° 셔츠 걸쳐 입고 어머니, 아버지, 오빠들과 마주 앉아 두레상 위에 밥과 된장국만 차려놓아도 우리는 첫 술 뜨기도 전에 함박꽃웃음 피우며 배부를지 모른다. 밥 한 공기 후딱 먹고선 싸리채반 들고 나가 싱싱한 청포도 한 송이 따와서는 찬물에 솔솔 씻고, 가족들 마주보며 잘 영근 포도알 두세 개씩 목구멍으로 홀렁홀렁 삼킨다면, 아, 그것이야말로 나에게 주어질 가장 달콤한 행복 아닐까.

2부

감칠맛 나는 이야기

1장

길주 완자: 재미와 감동은 덜할지라도

●

함경북도 길주군에서 태어나, 14살 때 탈북해 2013년도에 한국으로 왔다. 이곳에서 일반 고등학교를 다니며 주말에는 열 시간씩 편돌이[1]로 생활했다. 이후 남북문제에 관한 진지한 고민을 안고 정치외교학과로 대학에 진학했다. 가장 그리워하는 고향 음식은 북한의 대표적인 길거리 음식 밥완자이다.

길거리 음식의 대표주자, 완자

대한민국 길거리 어딜 가나 붕어빵 트럭, 떡볶이 마차가 있다면 북한엔 완자가 있다. 한국에선 찾아보기 힘든 음식이지만 고향에선 장마당 어귀마다 맛깔나게 밥완자를 튀기고 있는 노점상들을 볼 수 있었다. 완자는 햄버그스테이크를 반죽하듯이 밥에다 잘게 썬 인조고기나 채소반찬을 비벼 먹기 좋은 크기로 동글동글하게 빚고, 겉 표면에 얇은 밀가루 반죽을 묻혀 기름에 튀겨낸 음식이다. 요즘 유행하는 치즈볼과 비슷한 모양새지만, 속에는 치즈 대신 밥과 반찬이 들어있어 몇 개만 먹어도 속이 든든하다. 게다가 기호에 따라 매콤한 양념장이나 김치를 곁들여 먹다보면 조금이라도 물릴 틈 없었다.

---

1 편의점에서 아르바이트를 하는 남자를 의미함.

갓 튀긴 음식이라면 신발도 맛있다는 말처럼, 어떤 재료든 완자로 만들면 훌륭한 요리가 되었다. 며칠 지난 찬밥, 묵은 밥을 활용한 완자는 튀김옷의 바삭하고 촉촉한 식감이 단점들을 보완해주어 냉장고 속 밥과 반찬을 처리하는 데에도 실용성 만점이었다. 하지만 집에서 요리하는 것보다 장마당 입구에서 갓 튀겨낸 따끈한 밥완자를 한 개 두 개 집어 먹는 것이 아무래도 간편하고, 또 입 안에 완자를 오물거리며 눈으로는 장날 구경하던 재미가 쏠쏠했던 것도 사실이다.

방과 후 집으로 돌아오는 길마다 고소한 완자냄새가 나를 얼마나 괴롭혔는지 모른다. 저 맛있는 것을 한 아름씩 사 먹고 싶은 마음이 태산 같았지만 돈이 부족해 그 마음을 애타게 눌러 담으며 집으로 돌아올 수밖에 없었다. 그러다 어머니가 장마당에 가시는 날엔 그 옆에 꼭 따라붙어, 저 멀리 완자 노점이 보이면 어머니를 붙잡고 속이 출출한 티를 내기 시작했다. 그렇게 감질나게 먹던 길거리 음식을 이제는 아르바이트 월급으로 마음껏 사 먹을 수 있게 되었지만, 한국 어디서도 밥완자 가게를 찾아볼 수 없는 것이 한이다.

촌에도 PC방은 있답니다

나는 14살에 탈북하기 전까지 한반도 끄트머리에 위치한 함경북도 길주군에서 살았다. 분류는 '군'으로 되어도 웬만한 도시만큼이나 면적이 넓었고, 1열차와 2열차²가 모두 다녀 환승도 할 수 있는 교통의 요충지였다.

군에서 왔다고 촌사람이라 무시하면 안 된다. 서울에서 자란 학생들보다는 맑은 공기 듬뿍 마시며 자란 것이 사실이지만, 고향에도 남한의 PC방 같은 시설이 있었다. 인터넷이 발달하지 않은 탓에 CD게임밖에 할 수 없었지만 그것만으로도 밤을 새기 일쑤였다. 작은 캐릭터들이 나와 팀별로 영역을 따먹는 유치한 내용이어도 한 번 자리에 앉으면 스무 판은 기본으로 했다. 하지만 이제 와서 고백하자면, 당시 나는 동네 형들을 따라 CD게임만 주야장천 했을 뿐 컴퓨터 자체를 어떻게 다뤄야 하는지는 잘 몰랐다.

　　학교에서 컴퓨터 교육을 받긴 했다. 그러나 일주일에 고작 한 시간인 수업에서 우리가 하는 일이라곤 교과서를 보며 모니터를 어떻게 켜는지, 문서는 어떻게 들어가는지 암기하는 것이었다. 또 직접 컴퓨터실에 가보기 전에 미리 타자 연습을 해오라는데 나는 자판이 어떻게 생겼는지조차 통 알길이 없었다. 나와 비슷한 처지의 학생들을 위해 나온 것인지, 학교 앞 문구점에선 가상 키보드가 판매되고 있었다. 그걸 하나 사와서는 방에 혼자 앉아 자판 두드리는 연습을 하며 이런 바보 같은 학교 숙제를 내준 선생님을 원망하던 나의 마음을 누가 알겠는가.

　　기나긴 이론의 시간이 끝나고, 실전의 날이 찾아왔다. 컴퓨터실에 가게된 것이다. 우리 앞에 놓인 컴퓨터는 뒤통수가 뚱뚱한 구식이었지만 그건 중요하지 않았다. 공부할 때 필요

2 두 지점을 오가는 열차의 교통선을 구분하는 용어.

한 자료는 뭐든 손으로 직접 적었던 나에게, 자판으로 글자를 순식간에 쳐내고 그림판에서 필요한 그림도 만들어내는 것이 놀라웠다. 뿐만 아니라 손으로 적으면 한 시간은 족히 걸릴 내용이 프린터기에 컴퓨터를 연결하자 10초만에 네모 반듯한 글씨로 인쇄되어 나오던 그 순간, 우리는 모두 감탄할 수밖에 없었다. IT 강국인 한국에 살고 있으면서도 처음 컴퓨터를 접하던 그날을 떠올리면, 지금 생활의 당연한 부분들이 새삼스럽게 느껴진다.

바나나 재배하다 왔어?

탈북 후 한국에 정착해 하나원 수료기간이 다가올 무렵, 대안학교와 일반학교 중 어느 곳을 선택할지 고민되었다. 일반학교를 택한 친구들 중 생각보다 잘 지내는 사람들도 있던 반면, 어떤 사람들은 남한 학생들 속에서 적응하지 못하고 따돌림을 당한다고 들었기 때문이다.

하지만 무작정 부딪쳐 보자는 마음이 더 컸다. 한국에 온 이상 남한 출신 북한 출신 관계없이 여러 사람들과 두루 어울리고 싶었다. 계속 북한 사람들과 대안학교를 다닌다면 고향이나 하나원에서의 생활과 다를 바 없을 것 같았다. 또 성인이 돼서야 처음으로 한국의 현실과 맞닥뜨리는 것보다, 학창시절 6년을 일반학교에서 보내며 있는 그대로의 한국 사회에 점차 적응하고 싶었다.

"어머니, 저 일반학교로 가겠습니다."

그렇게 덜컥 선택한 일반중학교에서의 첫 1년은 뜻밖에도 정말로 즐거웠다. 담임 선생님께서 학급 친구들에게 내 출신을 미리 밝혀서인지, 친구들은 나를 본 첫날부터 반갑게 맞이해줬을 뿐더러 내가 말이 서툴면 교정해주고 수업 진도를 따라가는 것도 적극적으로 도와주었다. 하지만 그들이 나의 출신을 염두에 두고 조심스러워하며 나를 대한다는 생각이 들 때면, 보이지 않는 벽을 느끼기도 했다.

사정이 생겨 중학교 1학년 11월쯤, 다른 학교로 전학을 오게 되었다. 혹여나 친구들이 나를 어려워할까봐 내 출신에 대해서는 굳이 밝히지 않은 상태였다. 처음엔 전학생이라는 이유로 친구들이 내게 관심을 보이며 먼저 다가왔으나 한국 사회에 발을 들인 지 얼마 되지 않은 나는 긴장한 탓에 말이 제대로 나오지 않았다. 중학교 생활 내내 간혹 초등학교 얘기라도 나오면 대화에 낄 수 없었고, 내 억양을 이상하게 생각할까봐 어릴 때 중국에 유학을 갔다와서 말투가 변했다고 거짓말을 한 적도 있다.

고등학교 입학 초기엔 이런 말도 들었다.

"바나나 재배하다 왔어?"

내 억양이 특이한데 피부색도 어두운 탓이었다. 친구들은 내게 열대지방에서 왔냐, 농장에서 일했냐는 등 농담도 던지곤 했다. 하지만 다들 나를 조금 의뭉스럽고 특이한 친구라는 생각을 할 뿐, 북한에서 왔냐고 묻는 친구는 아무도 없었다.

중국에 필리핀까지 다 나왔지만

나는 고등학교 2학년 때 처음으로 직접 친구들에게 내가 북한에서 온 것을 밝혔다. 나는 3년 내내 같은 친구들과 한 학급에서 지내야 하는 특성화고등학교를 다녔는데, 몇 년을 마주보며 생활할 친구들에게 계속 비밀을 숨기고 싶지는 않았다. 게다가 중학교 시절에 비해 친한 친구들도 생기며 자신감도 조금 붙었을 때였다. 나는 주변 친구들에게 한 명씩 내 얘기를 꺼내기 시작했다.

"나 사실 한국에서 온 거 아니야."

처음엔 퀴즈를 내듯, 친구 쪽에서 내가 살다 온 나라를 맞출 수 있도록 대화를 유도했다. 그러나 중국, 필리핀에서 아시아 전 지역까지 범위가 넓혀졌는데도 북한을 얘기하는 친구는 한 명도 없었다. 어쩔 수 없이 내가 직접 '북한에서 왔다'고 말을 해야 하는 상황이 온 것이다.

그런데, 말이 나오지 않았다. 나는 분명 밝힐 의사가 있는데 '북한'이라는 단어는 혀끝에서만 맴돌 뿐 도무지 입이 떨어지지 않았다. 결국 친구와 카페에서 한 시간 동안 얘기한 후에도 차마 말을 못한 나는, 마치 좋아하는 사람에게 마음을 고백하듯이 핸드폰 메모장에 글씨를 써서 친구에게 턱 보여주었다.

'북한'

그렇게 한 명 두 명 밝히기 시작해, 마지막엔 용기를 내 반 친구들이 모두 있는 앞에 나가서 내 고향을 얘기하는 날이 찾아왔다.

"얘들아, 나 사실 북한에서 왔어."

나는 친구들이 분명 깜짝 놀랄 줄 알았다. 그런데 얼레, 예상과는 달리 친구들은 얘기를 듣고서도 나를 멀뚱멀뚱 쳐 다보기만 했다. 그들의 얼굴은 마치,

'우리보고 어떡하라는 거야...?'

라고 말하는 것 같았다. 어리둥절하던 나는 곧 무안함을 숨기며 얼른 자리로 돌아왔다. 나중에 알고 보니 내게 상처 가 될까봐 아무렇지 않은 척 받아들였지만, 사실 속으로는 크게 충격을 받았다고 말하더라.

내가 이렇게까지 북한에 대해 말하기를 주저한 데에는 이유가 있었다. 반 친구들도 각자 북한에 대해 자기만의 관 점을 갖고 있을 텐데, 내가 북한 사람이라는 것을 밝힘으로 써 그들이 자신의 생각을 말하기 꺼려진다는 것이 싫었다. 만약 본인이 북한에 부정적인 감정을 갖고 있는데 내가 북 한 출신이라는 이유로 내 앞에선 굳이 속마음을 숨긴다면, 그것이 오히려 내게 부담스러울 것 같았다. 그러나 신기하게 도 그 이후 여러 친구들이 종종 나를 찾아와 북한에 관해 질문했다. 그중엔 북한에 관심이 없을 것 같던 친구들도 포 함되어 있었다. 그때부터 나는 북한을 주제로 친구들과 얘기 를 나눌 시간이 있으면 좋겠다는 생각을 어렴풋이나마 했다.

5분만 하려고 했는데

기회가 찾아온 것은 국어 수행평가 시간이었다. 자유 주제로 5분간 발표를 해야 하는데, 전날 밤 늦게서야 주제를 고민하던 중 문득 북한에 대해 얘기하고 싶다는 생각이 들었다.

발표용 PPT 자료에 나는 길주군을 구글링한 사진들을 가득 채워 넣었다. 친구들 앞에서 위성사진을 띄워놓고 길주에 있는 류만천, 남대천과 내가 다녔던 학교도 보여주고 우리 집도 보여주었다. 사진 한 장 한 장의 설명이 끝날 때마다 친구들의 질문이 끊이지 않았고, 5분이면 끝나야 할 발표가 다른 친구들의 발표시간까지 잡아먹으며 20분을 훌쩍 넘겼다.

계속 질문을 받다 쉬는 시간 종이 울렸을 때, 친구들은 크게 박수를 치며 재밌었다고 호응해주었다. 그중엔 북한에 대해 비판적인 인식을 갖고 있던 친구들도 있는 것을 보며, 나는 이런 생각이 들었다. 꼭 슬프거나 자극적인 이야기가 아니더라도 내가 다녔던 학교나 우리 집에 관한 사소하고 개인적인 이야기들로 사람의 마음을 움직일 수 있지 않을까.

남한 친구들 덕에 나 또한 마음이 움직인 것도 사실이다. 처음 한국사회에 적응할 때 스트레스가 컸던 이유는 일반학교라는 공간적 배경 때문만은 아니었다. 어머니를 따라 어린 나이에 탈북 했던 나는 마음의 준비를 할 겨를이 없었고, 친구들과 제대로 인사도 하지 못한 채 생이별을 했던 것이다. 그러다 보니 처음 한국 친구들을 볼 때마다 북한에 남아있을 고향 친구들과 마음속으로 자주 비교하게 되었다.

'그 친구들이라면 이때 이렇게 반응하지 않았을까?'

한국 친구들의 잘못도 아닌데 내가 마음 열기를 꺼리고, 나도 모르게 자꾸 거리를 두는 바람에 처음엔 마음고생도 심했다. 하지만 이제 와서 6년간의 일반학교 생활을 돌이켜 보면 힘들었던 점들만큼이나 배운 점도 많다. 아무 것도 모른 채 처음으로 대학에 가서 덜컥 한국 현실에 부딪치는 것보단, 또래 친구들 속에서 생활하며 조금이나마 일찍부터 한국사회를 여과 없이 경험하고 이해할 수 있었다는 점이 다행스럽다. 덤으로, 그 과정에서 나의 출신과 사정을 깊이 이해해주는 소중한 친구들을 여럿 얻은 것도 감사할 부분이다.

한국사람이 아니라고요?

아르바이트를 해보고 싶다는 생각이 든 것은 고등학교에 들어오면서였다. 돈이 부족하기보다는 한국 사회를 좀 더 알아가자는 의미에서 사회경험을 쌓고 싶었다. 처음엔 다른 직종에 비해 편의점 일이 수월해 보여서 집 주변 편의점들에 면접을 보러 다녔으나 계속 떨어졌다. 어쩔 수 없이 다른 아르바이트를 알아보던 중, 근처 고기 집 아르바이트 공고를 보고 사장님께 연락을 드렸다.

면접을 보기 전, 전화상으로 연락할 때 사장님께서 내가 한국 출신이 아닌 것 같다고 하시며 혹시 한국인이 맞는지 물으셨다. 나는 당연히 한국 사람이라 말했는데, 면접을 보러 갔을 때도 비슷한 얘기가 나와서 이렇게 말씀드렸다.

"저 한국 사람 맞는데, 4년 전쯤 북한에서 한국으로 왔어요."

그런데 그때부터, 사장님은 전화로 물어볼 때는 왜 미리 말을 안했냐는 식으로 말씀을 시작하셨다. 나는 한국에서 생활한 지 4년 정도 됐으니 다른 사람들처럼 무리 없이 일할 수 있다고 답변 드렸다. 하지만 사장님께서는 식당은 여러 사람이 일하는 곳이기 때문에 소통이 중요하다며, 같이 일하는 사람들에게 의견은 물어보겠으니 우선은 가보라고 대답하셨다.

단지 북한 출신이라는 이유만으로 소통이 안 되는 사람으로 단정 짓는 것은 일종의 차별이라고 느꼈다. 그전까지만 해도 나는 한국에서 북한이탈주민들을 차별하는 사람들은 북한을 잘 모르는 사람들뿐이라고 생각했었다. 그런데 나를 대하는 사장님의 말투로는 북한에 대해 어느 정도 이해하는 분 같은데, 그럼에도 나를 다르게 대우하시는 모습을 보고 조금 충격을 받았다.

그때부터 오기가 생겼다. 처음에는 '일이 구해지면 하고, 아니면 말고'라는 마음으로 아르바이트를 구하기 시작했지만, 이후부턴 길고 열성적인 자기소개를 담아 아르바이트 지원문자를 보냈다. 그 상황에서 아르바이트를 구하지 못하면, 나중에 성인이 되어서 일을 구할 때까지도 전에 고깃집 사장님께 들은 말이 트라우마로 남을 것 같았기 때문이다. 그러던 어느 날 이태원 쪽 한 편의점에서 연락이 왔다.

일 년간 일편단심 편돌이

편의점 사장님도 면접 때 내가 한국 사람이 아니라는 느낌을 받았나 보다. 하지만 내가 솔직하게 말씀드리자 사장님께서는 크게 신경 쓰지 않으며 여기 일하는 다른 친구들도 다 사연이 많다고, 성실해 보이니 일해도 된다고 하셨다. 당시 사장님 입장에선 인력이 급해서 나를 뽑으신 것일 수도 있지만 나에겐 일을 구하는 것이 절실했고, 그때의 감사함과 초심으로 지금까지도 그 편의점에서 일하고 있다.

주말이면 하루에 열 시간씩 근무하는 힘든 아르바이트지만 버틸 만하다. 지역이 이태원이다 보니 외국인 손님들이 많고, 야간 근무라서 술에 취해서 오는 사람도 많다. 사람이 많이 몰리는 시간대에는 대여섯 시간에 걸쳐 계산 줄이 끊일 틈이 없고, 우리는 손님으로부터 카드를 받고 5초도 안되어 결제를 끝내고 다음 손님을 받는다. 그러다보니 이제는 어떤 매장에 손님으로 갔을 때 직원이 불친절하게 느껴져도 그 사정을 이해하게 된다. 일부러 그러는 것이 아니라 정말로 피곤하다 보니 그런가보구나, 하며.

경험상 다른 아르바이트도 해보라고, 더 재밌는 일을 하고 싶지 않냐고 묻는 사람들도 있다. 하지만 나에겐 편의점 아르바이트가 가장 잘 맞다. 식당 일은 손이 빨라야 하고, 카페 아르바이트는 경쟁도 심하고 바리스타 자격증을 요구하기도 하는 등 다른 곳에 가면 전문적인 업무를 해야 할 것 같은데 편의점 업무는 그렇지 않다. 주어진 시간에 그 장소를 지키며 반복적인 일을 하는 것이 편하다. 가끔씩 술 취한 손님이 와서 병을 하나씩 깨고 가면 나의 멘탈도 함께 깨지지만 그런 다양한 상황들 속에서 재밌는 에피소드들이 생겨난다. 바쁠 때 몸은 힘들어도 오히려 보람 있고, 시간도 금방금방 가니 좋다고 생각하는 걸 보면, 아르바이트에 있어서만큼은 나는 태생적인 편돌인가 싶다.

자네는 왜 정치외교학과에 오고 싶은가?

나는 어릴 적부터 작가가 꿈이었다. 대학을 간다면 국어국문학과나 문예창작과를 택하는 것이 당연하게 느껴졌었다. 그러던 내게, 북한 인권정보센터에서 주최하는 포럼들에 참여할 기회가 주어지며 진로의 방향을 완전히 틀게 되었다.

북한 출신 유명 기자, UN 대사 등 북한 관련 전문가분들의 연설들을 다수 접하며 전에는 미처 알지 못한 것들에 대해 생각해 볼 기회가 주어졌다. 사실 나는 조금 나이가 들어 한국에 오신 분들의 경우 북한에서 수십 년 동안 각인된 사고방식이 바뀌기 어려울 것이라 생각했고, 북한에 있을 당시 간부 출신이었던 분들이 탈북한 이유가 무엇일지 궁금하기도 했다. 나와는 너무 다른 사람들이라 생각한 데에서 출발한 고정관념들이었다. 하지만 한국에 온 이후 나이, 출신과 상관없이 하고 싶던 공부를 시작하거나 새로운 일을 배워 자신만의 꿈을 펼치는 분들이 정말 많다는 것을 알게 되었다.

남북문제에 관해 나름의 가치관도 생겼다. 과거의 나는

'통일'이라는 단어를 생각하면 가족들을 볼 수 있으니 좋겠다는 막연함으로 다가갔다. 하지만 강연들을 듣고 남북관계가 언뜻 보이는 것보다 훨씬 구체적인 차원으로 나아가야 하는 문제라는 것, 그리고 진부하게 반복되는 북한 관련 에피소드들 외에도 통일문제에 대한 독창적이고 전문적인 담론이 가능하고 또 필요하다는 것을 느꼈다.

그러던 차, 남한에서 태어났지만 북한문제에 큰 관심을 갖고 전문적으로 일하는 분들을 접할 기회가 주어졌다. 같은 한민족이라지만 북한이탈주민들을 철저한 외국인으로 받아들이는 경우도 많은데, 마치 자국민의 일처럼 진지한 관심과 열정으로 일하시는 모습이 마음에 남을 수밖에 없었다. 북한에서 태어나 북한과 조금이나마 더 친숙한 사람으로서, 나 또한 그분들과 협력하며 도움이 되고 싶다는 생각을 하기 시작했다. 그러기 위해선 대학에서 공부하며 국제정세와 남북관계에 관한 전문지식을 쌓는 것이 우선이라고 생각했다. 작가의 꿈은 조금 늦게라도, 그리고 꼭 국문학을 전공하지 않더라도 얼마든지 펼칠 수 있지 않겠는가.

그렇게 나는 새로운 꿈에 도전하기 위해 정치외교학과를 택하게 되었다.

북한, 내가 태어난 곳

북한을 떠나고 중국에 있을 때까지도 나는 어머니와 얘기할 때 '김정일 장군님'이라는 호칭을 벗어나지 못했다. 그

표현이 여전히 내 머릿속에 남아 있는 것을 보면, 세뇌교육의 힘이 대단하긴 한 것 같다. 혹자는 북한에선 왜 아무도 현 체제를 변화시키기 위한 노력을 하지 않는지 의문을 가질 수도 있다. 하지만 북한 정부를 세운 중심 세력들은 매우 오래 전부터 영웅화되었고, 온 국민은 마치 그 세력들이 조국의 모든 역사를 이루어낸 것처럼 어릴 적부터 교육받는다. 그러다보니 북한에서 나고 자란 사람들에겐 새로운 사회를 상상해보는 것조차 정말로 어려운 일이다.

나는 북한 체제에 찬성하진 않지만 북한을 사랑한다. 북한은 내가 태어난 곳이자 어릴 적 추억이 머무는 곳이기 때문이다. 내가 의미를 두는 것은 북한 정부나 이념이 아닌, 아직 고향에 머물고 있을 나의 친구들이나 내 눈에 담았던 아름다운 산과 강, 혹은 내가 다니던 학교와 내가 살았던 우리 집이다. 그렇기 때문에 현재 남한에 살고 있는 내게도 북한은 여전히 소중한 시공간의 추억으로 남아있고, 그것이 자꾸 나와 북한을 보이지 않는 끈으로 연결해주는 듯하다.

한 번은 친구로부터, 북한 사람들은 무얼 하든 목숨을 거는 성격일 것 같다는 말을 들었다. 대다수의 북한 사람들은 순탄치 못한 세월을 살아왔기 때문에 남한에서도 악착같이 살아갈 것 같다는 얘기였다. 몇 년 전부터 북한 관련 이슈들과 북한이탈주민들의 이야기가 여러 매체에서 자주 노출되면서, 북한 사람들에 관해 다음과 같은 인식들도 자리 잡은 것 같다.

'기본적인 인권조차 보장받지 못하는 불쌍한 사람들'

'운 좋으면 탈북하고, 운 나쁘면 계속 불행하게 살아가는 사람들'

방송에 자주 소개되는 이야기들을 토대로 북한에 대한 하나의 이미지가 고착화되는 것 같아서, 꼭 그렇지만은 않다는 것을 나는 말하고 싶다. 남한 사람들 중에서도 성격이 급한 사람이 있고 차분한 사람이 있듯이, 북한 사람들 중에서도 머리부터 발끝까지 고지식한 사람도 있는 반면 세상이 두 쪽 나도 천진난만하게 삶을 살아갈 사람도 있다. 몇 년 전까지만 해도 별다른 고민 없이 살던 나도 한국사회에 적응해가는 과정에서 이제는 진지한 고민들을 시작하게 되었다. 그런 것처럼 우리에겐 숨기려 해도 숨겨지지 않는 각자만의 개성이 있고 또 시간이 지나며 그 개성이 조금씩 다르게 나아가기도 한다.

사람들은 모두 누군가에게 하고 싶은 자신만의 이야기들을 각자 가슴 속에 품고 산다. 북한이탈주민의 경우 그것이 배고프고 가난했던 유년기 이야기가 될 수도 있고, 목숨 걸고 위험했던 탈북기도 될 수 있다. 하지만 현재의 내가 사회에 가장 전달하고 싶은 것은 무엇보다도 북한이라는 나라와 그 국민들이 갖고 있는 다양성이다. 우리에게 아무리 자주 보이고 들리는 내용이라 하더라도 그 나라의 모든 것을 대표하리란 법은 없지 않은가. 우리에게 쉽게 드러나지 않는 작은 부분들, 재미와 감동이 조금은 덜하더라도 있는 그대로의 담담한 이야기들에 귀 기울이는 사회를 나는 만들어가고 싶다.

2장

청진 생선떡: 사람은 무엇으로 사는가

●

함경북도 청진 출신으로, 남한 생활 14년 차이다.
중어중문학과 노어노문학을 전공했으며, 러시아 문학 석사과정을 마쳤다.
현재는 인문학 강사로 활동 중이다.
좋아하는 고향 음식은 손으로 직접 찧어 만든 생선떡이다.

그 시절엔 우리도 잘살았더랬죠

과거 '고난의 행군' 전, 청진에서 어린 시절을 보냈던 사람이라면 집집마다 나뭇가지를 묶어놓고 동태를 수십 마리씩 말리던 겨울철 아파트 풍경을 기억할 것이다. 그때까지만해도 생선이 너무 많이 잡혀서 직장에서는 직장대로, 동에서는 가정 단위로 생선을 많이 공급했다. 보관할 냉장고가 없는 북한이기에 사람들은 어떻게 하면 생선을 오래 보관하면서도 맛있게 먹을까 고민하기 시작했고, 그렇게 해서 탄생한것이 바로 생선떡이다.

생선떡은 말 그대로 생선을 깨끗이 씻어 절구로 빻아 만드는 북한식 어묵이다. 남한에서는 어묵을 반죽할 때 밀가루가 많이 들어가고, 채소나 치즈를 비롯해 갖가지 재료를 넣어 모양도 빛깔도 곱고 아기자기하더라. 하지만 우리 고향에선 어패류 외의 식재료가 늘 부족해 오히려 고기를 가득 넣

고 곡을 아껴 넣었다. 잘 사는 집은 쌀가루를 쓰기도 하지만 보통은 아주 소량의 옥수수가루나 밀가루와 생선을 저룩에 넣고 찧는다. 취향에 따라 소금도 넣고 사카린도 넣고 맛내기 가루[3]도 넣어서 차지게 뭉칠 때까지 힘껏 절구질을 했다. 완성된 반죽을 납작납작한 호떡만한 크기로 빚어 프라이팬에 기름 둘러 지짐처럼 구워내면 겉은 아작아작하고 속은 따끈따끈한 것이 맛이 끝내준다. 나의 어머니는 생선이 많이 생길 때마다 그렇게 생선떡을 해주셨는데 그날은 마치 생일처럼 기쁜 날이었다. 남한은 어묵에다 간장이니 와사비니 특이한 소스들을 많이 찍어 먹지만 북한의 생선떡은 미리 간을 세게 해 별다른 양념장 없이, 한 입 한 입 씹을 때마다 손절구로 찧어낸 옹골진 생선 살결이 그대로 씹히며 짭조름하면서 생선 특유의 비릿함과 고소한 향이 혀를 감쌌다.

그때 당시 생선은 먹어도 먹어도 동나지 않는 음식이었다. 집채만 한 어선 트럭들이 매주 아파트 단지를 찾아왔고, 그럴 때면 인민동장[4]이 집집 마다 문을 두드리면서 알리곤 했다.

"1층 1호, 1층 2호, 1층 3호부터. 빨리빨리 나와서 사 가시오."

그렇게 가정마다 반강제적으로 20~30kg씩 생선을 사 가는 것은 기본이었다. 그런데 어머니도 직장에서 할당된 생

---

3 발효조미료 MSG를 일컫는 말. 남한에서는 미원 혹은 다시다라고도 칭한다.
4 북한의 하부 행정구역 '동'을 책임지고 관리하는 이. 인민반장이라고도 칭한다.

선을 받아오시고, 아버지는 아버지대로 배급량이 나오는데 수산사업소 직원[5]마저 집 앞까지 찾아와 생선을 사라고 재촉하다 보니 모든 집에서 생선이 넘쳐나는 것이다. 그러면 온 아파트에 베란다마다 나무 장대를 가로세로 묶어서 동태를 내걸었다. 그렇게 우리는 겨우내 베란다에서 말린 북어를 간식처럼 먹었고, 아버지들의 안주상에 북어태 무침이 늘 올라오곤 했다.

행복하게 생선떡을 찢어 먹던 추억이 오래 갔더라면 얼마나 좋았을까. 풍요롭던 80년대가 막을 내리고, 90년대에 들어서며 어획량이 줄고 인민생활 자원금도 축소되면서 국민들이 대량 아사하는 사태가 벌어졌다. 먹을 것은 없는데 어떻게라도 끼니를 때우기 위해 손절구를 옆구리에 끼고선산 깊숙이 올라 소나무 껍질이나 피나무 껍질, 도토리 등을 캐어 와 절구질을 했다. 솔 껍질을 빻으면 나오는 쫄깃쫄깃하고 불그스름한 전분으로 송기떡을 만들고, 도토리를 껍질째 절구질해 떫은 즙은 빼낸 뒤 사카린 녹인 물에 부드러워질 때까지 삶아서는 도토리 빵이라 하며 밥 대신 배를 채웠다. 하지만 솔 껍질이나 나물을 캐오려면 멀리 교외로 걸어 나가야 하는데 나중엔 너무 배가 고파서 그럴 힘마저 없었다. 그러다 삶의 의미마저 없어질 즈음에는 가만히 집에 누워 배를 곯는 사람들이 많았다. 그렇게 마을 사람들이 한두 명씩 소리 없이 굶어 죽어 나갔다. 고소한 생선떡을 만들어

---

5 북한의 수산업을 담당하고 있는 사업소의 직원.

먹던 손절구, 불과 몇 년 사이 그걸 들고 이리저리 뒷산을 헤매던 구십 년대 우리네 가난한 삶을 떠올릴 때면 세월이 한참 지난 지금도 여전히 마음 한구석이 시큰해진다.

일 년 열두 달이 잔칫날

우리 집은 할머니 할아버지를 모시고 3대가 오손도손 모여 사는 가정이었다. 아침에 "학교 갔다오겠습니다."하며 현관에 서서 큰 소리로 배꼽인사를 했고, 새해 첫날 집안 어르신들 앞에서 또랑또랑한 목소리로 신년사를 낭독하면 우리 손녀가 더없이 당차다며 칭찬해주셨다.

집안 식구들끼리 화목하다 보니 함께 모이는 일도 잦았다. 이모나 삼촌들, 멀리는 7촌 친척까지 청진에 출장 오시면 꼭 우리 집에서 하룻밤 묵고 가셨다. 제사나 할아버지 환갑날이면 남포[6]든 원산[7]이든 아무리 멀리 사는 친척들도 10시간, 20시간씩 기차를 타고 와서 함께 저녁을 먹고 살갑게 안부를 물었다. 남한으로 치면 25평 남짓의 조그마한 아파트였지만 손님들이 열 명, 스무 명씩 올 때도 우리는 당연하다는 듯이 거실과 주방까지 이불을 펴고 한 가족처럼 부대끼며 쪽잠을 잤다.

큰 잔칫날에는 100명도 넘는 손님들이 우리집을 찾았다.

---

6 한 서부의 대동강 하구에 위치한 항구 도시.
7 경남도 남부에 위치한 항구 도시.

그럴 때면 발효 기사[8]인 이모에게 전수받아 며칠 전부터 옥수수가루를 발효시켜 100인분의 술을 담그셨다. 북한은 거의 모든 가정에서 이렇게 곡주를 담근다. 온 마을 어르신들은 뽀얀 막걸리나 곡주를 나눠 마시며 정답게 서로의 안부를 묻고, 흥겨운 목소리로 노래를 부르셨다. 그렇게 할아버지 환갑, 신년맞이 명절 등을 챙기다 보면 일 년 열두 달은 정신없이 흘러갔고 집안에서 큰집인 우리 집은 사계절 내내 한가할 날이 없었다.

소설 속에 펼쳐진 지구 반대편 세상

가방끈이 길었던 이유일까, 나의 부모님은 마을 사람들로부터 늘 존경 어린 시선을 받았다. 어머니는 소아과 의사였다. 6·25전쟁이 끝나자마자 어머니가 의대를 다녔으니, 그때 외가동네에서는 여자를 대학 보낸다고 모두 외할아버지를 비웃었다고 한다. 하지만 외할아버지께서는 아랑곳하지 않으시고 2남4녀 중 1남4녀를 대학에 보내셨다. 해서 외가는 이모두 분이 내과전문의, 막내이모는 발효기사가 되었다.

동네 어르신들은 아플 때마다 병원이 아무리 가까워도 어머니의 진료를 받으러 꼭 우리 집으로 먼저 찾아 오셨다. 우리 집엔 항상 간단한 의료도구나 비상약이 구비되어 있었고 어머니는 한 분 한 분 병세를 정성껏 진찰해 주셨으며

8 발효법에 관한 전문지식을 활용해 공장 등에서 일하는 직업.

동네 사람들은 그런 어머니를 선생님, 선생님 하며 따랐다.

화학공학을 전공해 과학자로 일하셨던 아버지 또한 어머니와 같은 지식인 계층이셨다. 자연스럽게 가족들 사이에 학구적인 분위기가 조성되었고, 북한의 번역 문화가 전성기를 이루었던 80년대의 우리 집 서재는 세계문학선집이나 러시아어 원서, 역사책 등으로 가득했다. 어머니나 아버지는 물론, 오빠와 언니 모두 내가 학교에서 돌아오면 각자 전공 분야의 책을 원서로 읽고 있었다. 러시아에 유학도 다녀오신 아버지께서 러시아어로 된 원서를 읽는 모습은 어린 내게 늘 신기하게 보였다.

처음 보는 단어, 신기한 풍경으로 가득하던 외국 소설들은 내가 새로운 세상을 꿈꿀 수 있었던 최초의 공간이었다. 로빈슨 크루소의 난파선이 떠내려온 해안가를 머릿속에 그려보았고, 빨간머리 앤이 말하는 퍼프 소매가 무엇인지도 모르면서 나도 그런 아름다운 이브닝 드레스를 입고 파티에 초대되는 상상을 했다. 그때까지만 해도 마음속으로만 그려보던 지구 반대편 세상을, 내가 직접 보고 듣고 느끼게 될 수 있을 줄은 꿈에도 몰랐다.

보라색 만년필로 아로새긴 아버지의 이십 년

내 나이 열네 살, 아버지가 세상을 떠나신 뒤 유품을 정리하기 위해 평양의 사무실을 찾아갔을 때였다. 낡고 두꺼운 노트 한 권이 눈에 들어왔다. 1950년대부터 1980년대까지,

아버지께서 이십 년 넘게 꾸준히 써온
일기였다. 대학시절의 고민이나 어머
니와 첫 키스하던 날의 생생한 기억,
북한 정부의 변화에 따라 어떤 직업
을 맡게 되고 어떤 어려움을 겪었는
지까지 한 장 한 장 자세하고 소중한
정보와 감정들이 기록되어 있었다. 조선민주주의인민공화국
과학자 협회에서 활동한 기록을 담은 발명 수첩도 있었다.
펼쳐 보니 마흔 건이 넘는 아버지의 발명품들이 자세한 설
명과 함께 남아 있었다.

　아버지가 돌아가신 것은 마지막 발명품을 보고하기 직전
의 일이었다. 10년 가까이 제자들과 진행해 온 프로젝트가
성공했다는 결과물이 나온 날, 아버지는 뛸 듯이 좋아하며
어머니께 이제 서류만 제출하면 수령님께서도 기뻐하시고
상금도 어마어마하게 나올 것이라 말하셨단다. 어머님 말씀
에 따르면 아버지가 평소 받아오던 월급이 100원 정도였던
반면, 그 프로젝트 하나만으로도 상금을 3억 받을 수 있는
정도였다고 한다. 하지만 1억은 우리 큰애 장가보내고 1억
은 둘째 시집보내고 나머지 1억은 우리 막내하고 쭉 행복하
게 살자고 말했다던 아버지는, 그 꿈을 이루지 못하고 며칠
뒤 심장마비로 세상을 떠나셨다.

　"언니야, 아버지 유물들 잘 챙겨 놓아야 해. 세월이 흐르
면 글씨가 희미해지니까 기름종이에 꽁꽁 싸서 잘 보관해줘
야 해."

언젠가 북한에 남아있는 친언니에게 전화해 아버지의 유물들을 잘 챙겨 달라 부탁했다. 아버지가 이렇게까지 나라에 기여했는데 그 소중한 공을 아무도 몰라주는 것은 억울하고 슬픈 일일 뿐더러, 그가 보라색 만년필로 한 획 한 획 아로새긴 순간의 기록들은 개인의 단순한 신변잡기를 넘어 역사적으로도 큰 가치일 것이기 때문이다. 북한의 변천사와 함께 기쁨과 슬픔을 아름다운 문장들로 녹여낸 아버지, 십 년간 공들인 연구의 덕도 보지 못하고 생을 마감한 아버지, 그의 손때 묻은 귀한 기록들이 허무한 세월로 묻혀 버리지 않게 하는 것이 자식인 내게 남겨진 마지막 도리일 것이다.

눈송이 내려앉은 모스크바 밤거리

가족들끼리 서재에서 시간을 보내던 오후, 아버지는 종종 나를 무릎에 앉혀 두고 갖가지 러시아 민요를 불러 주시곤 했다. 알라 푸가체바의 'Million Alyh Roz[9]'와 같은 노래들을 조금은 투박한 억양으로 조용히 불러주시던 아버지의 낮은 목소리는 오래된 트랜지스터 라디오에서 흘러나오는 음악소리처럼 아득하게 평화로웠다. 러시아와 나 사이의 인연이 시작된 것은 아마 그때부터였을 것이다.

가족들 모두가 러시아어를 능숙하게 구사했기에, 나 또한 초중고등학교를 거쳐 대학에서까지 제1외국어로 러시아

---

9 남한 가수 심수봉이 부른 '백만 송이 장미'의 원곡인 러시아 노래.

어를 공부한 것은 어쩌면 당연한 선택일 수 있다. 어릴 적부터 접하며 공부해 온 러시아어는 탈북할 때에도 크게 도움이 되었다. 중국에서 우연히 만난 모스크바 사람과 의사소통이 가능했고, 몽골에 있던 수백 명의 탈북민들 사이 유일하게 러시아어를 할 줄 알았던 나는 몽골군인들에게 신원조사를 받을 때도 도움이 되었다.

그때 처음으로 학업에 대한 후회를 했다. 10대 때 공부를 더 열심히 해 둘 걸, 러시아어를 지금보다 조금만 더 잘했더라면 상황이 보다 낫지 않았을까. 뒤늦게야 아쉬움이 남았던 나는 한국에 정착한 이후 대학에서 중국어를 전공하며 노어를 함께 공부하기 시작했다. 그러나 수업이 끝나면 바쁘게 과외를 하고 밤에는 통번역 아르바이트를 하다 보니 공부에 전념할 수 없었던 것이 사실이었다. 오랜 고민 끝에, 3년간 모은 전 재산을 들고 1년의 어학연수를 위해 모스크바로 향했다.

학기가 시작하는 2월의 어느 눈 내리는 밤, 모스크바에 도착한 나는 기숙사에 짐을 풀자마자 길거리로 뛰쳐나왔다. 나즈막한 붉은 벽돌 건물들, 새하얀 눈 송이송이 내려앉은 도로, 뽀얗게 번지는 가로등 불빛, 모스크바의 고요한 밤거리를 처음으로 마주한 나는 울컥했다.

'45년 전, 아버지와 어머니도 이 거리를 거닐 수 있었더라면.'

누구는 막연한 감상이라 생각하겠지만 나에게는 달랐다. 부모님께서 애착을 가졌던 나라여서인지 전부터 나는 러시아와 운명처럼 끌어당겨지는 느낌이 들었다. 그것이 아마 내가 톨스토이와 사랑에 빠지고, 석사과정에서 노어노문학을 전공해 뼈 빠지게 고생하면서도 논문을 완성하게끔 만든 원동력이었을지 모른다.

좌충우돌 도보여행, 낭만으로 가득 차다

어학연수 당시 살던 기숙사에는 한 층에 20명 정도의 학생들이 묵었다. 미국, 프랑스, 중국, 이탈리아 등 세계 각지에서 온 외국인 학생들이 한 주방을 나누어 사용했고, 매일 아침이면 이탈리아 친구가 내려 마시던 진한 에스프레소 향기가 복도를 가득 메웠다.

5월 즈음, 친한 친구들끼리 수즈달[10]이라는 러시아의 오랜 문화유적 도시로 여행을 떠났다. TV에서 봐오던 것처럼 비싼 호텔에 가서 맛있는 음식을 먹는 호화로운 여행을 꿈꾸던 나의 기대와는 달리, 우리는 닭들이 꼬꼬댁 우는 농촌에 도착해 허름한 게스트 하우스에 짐을 풀어놓고는 종일 여기저기를 걸어 다녔다. 평균 연령 22세인 젊은 학생들, 그 사이에 낀 서른일곱의 나는 말문이 막힐 적마다 사전을 펼쳤다.

"저스트 어 모멘트,(Just a moment,)"

두꺼운 러시아어 종이사전을 팔에 끼고 다니던 나는, 깨알 같은 글자들로 가득한 페이지를 휙휙 넘겨서 어휘를 찾

---

10 러시아 블라디미르 주의 한 도시. 모스크바의 북동쪽에 위치해 있다.

아가며 서툴게나마 외국인 친구들과 현지인과 이야기를 나누었다. 하지만 아는 만큼 보이고 힘든 만큼 추억이라고, 130년 된 성당 앞에 앉아 몇 시간이고 친구들과 이야기를 나누던 그때 이후로 나는 시간과 여유가 되면 꼭 도보여행을 떠나는 사람이 되었다. 10명이 한 방을 사용하는 좁은 도미토리에서 묵으며 가장 일찍 나가 가장 늦게 돌아오는 사람이 바로 나다. 새로운 공간을 발 닿는 대로 걷고 낯선 이들을 만나 다양한 가치관들을 접할 때면, 비록 몸이 힘들더라도 패키지여행이 아닌 도보여행을 택할 수밖에 없다.

하루는 크렘린 궁전[11]에서 공연하는 '백조의 호수'를 본 날이었다. 항상 여행 중 만난 이들에게 먼저 말을 걸어보는 나는, 그 날도 현지인들 사이에 앉아 옆 사람에게 서툰 러시아어로 말을 걸었다.

"여기 자주 오시나요?"

"그럼요, 이 공연을 일생 동안 백 번은 본 것 같아요. "

"백 번이요? 하지만 똑같은 발레공연이잖아요. 같은 공연을 왜 여러 번 보시나요?"

"매번 같은 작품을 공연하지만 누가 연출을 하는가, 누가 주연으로 연기를 하는가에 따라 스토리가 조금씩 달라져요. 그때마다 감동도 색다르고요."

감성이 메마르고 실리를 추구하는 요즘 시대에 이런 문화적 감수성이라니! 게다가 발레 공연을 한 번 보려면 십몇

---

11 모스크바 크렘린에 위치한 궁전. 러시아 제국의 군주인 차차르의 권력을 과시하기 위해 지어졌다.

만 원씩 지불해야 하는 한국과 달리, 음악의 거장 차이콥스키의 나라답게 러시아에서는 단돈 몇만 원이면 수준급 공연을 볼 수 있었다. 얼마나 근사한가, '호두까기 인형'이나 '천하룻밤 이야기'와 같은 훌륭한 작품들을 원할 때마다 보고 또 볼 수 있는 것이다! 틈틈이 아껴둔 생활비로 공연을 보러 갈 때마다 큰 극장이든 작은 극장이든 관객석은 늘 꽉 차 있었고, 퍼포먼스가 뛰어난 명장면이 나오기만 하면 우레와 같은 박수 소리가 극장을 울렸다. 배우와 관객이 하나가 되던 그 가슴 벅찬 순간들은 지금까지도 내 가슴 속 깊이 새겨져 있다.

사람은 무엇으로 사는가

톨스토이 문학을 연구하면서 석사를 마치고, 현재 인문학 강사로 일하며 현실과 맞닿은 철학적인 고민들을 자주 마주하게 된다. 예컨대 82세에 생을 마감한 톨스토이는 당대 러시아인 치고 특히 장수한 편이었다. 그는 길었던 평생 매일같이 일기를 썼는데, 다음과 같이 사소한 내용들마저 기록했다고 한다.

'오늘 유독 춥고 바람이 거셌다. 집으로 돌아가는 길 발뒤꿈치를 질질 끄는 스스로를 발견했다. 내일은 그렇지 않도록 노력해야겠다.'

혹자는 이렇게 말할 것이다. 그렇게 사소한 것까지 신경쓰고 살면 너무 인생이 괴롭지 않겠느냐고. 하지만 톨스토이가 그랬듯이, 내가 어떤 사람인지를 가장 구체적이고 정확하게 알아야 내가 어떻게 행복해질 수 있는지도 알 수 있다. 단점을 그대로 놓아두기만 하면 그것은 보완되지 않은 채 영구적인 스트레스로 남는다. 단점은 받아들이되 그에 얽매이지 않는 것이 중요하다고 생각하는 요즘이다.

또 한 번은 노인대학에서 톨스토이 강의를 할 때였다. 강연이 끝나고 어르신들과 이야기를 나누던 중 한 분이 말씀하셨다. 자기는 이렇게 아픈데, 자식들에게 병원비를 달라 해도 받지 못한다는 것이다. 자기 몸을 건사할 생활비도 따로 빼두지 않고 여태 어떻게 사셨어요, 여쭈어 보니 그저 열심히 살았다고 하셨다. 하지만 평생 본인이 아닌 자식을 위해서, 남편을 위해서만 열심히 살아 오셨을지도 모른다는 생각이 들었다.

다른 이의 삶에서 동조자로서 존재하는 것도 중요하지만, 내 삶의 중심에는 나를 두어야 하지 않을까. 그러나 한편으로는 나만을 챙기는 삶은 언젠간 외로움으로 가라앉을 수 있다는 생각에 두렵다. 사람은 사랑으로 산다지만, 그 사랑의 무게를 어디에 두어야 할지는 끊임없이 고민하게 된다. 평생을 지고 살 고민일지도 모른다. 사람은 무엇으로 사는가, 사랑은 무엇으로 이루어지는가. 삶을 보다 풍성하게, 보다 보람 있게 잘 살기 위해 나는 오늘도 톨스토이와 기꺼이 짝사랑을 하고 있다.

3장

무산 보쌈밥:
이 나이엔 현모양처가 되어 있을 줄 알았지!

●

청진시 무산군 출신으로, 2010~2015년 즈음에 탈북했다.
어릴 적엔 나쁜 친구들을 혼내주는 정의의 사도였으나,
남한에 정착하며 조곤조곤한 성향으로 바뀌었다.
과거의 꿈은 현모양처였지만,
현재는 대학에서 공부하며 새로운 꿈을 찾아가는 중이다.
한국에선 쉽게 찾아볼 수 없는 보들보들한 보쌈밥을 좋아한다.

한국엔 김밥, 무산엔?

새우교자니 갈비만두니, 아무리 남한의 만두전문점에서 맛깔 나는 재료로 속을 채운다 한들 무산의 보쌈밥을 따라 갈 수 있을까. 수육고기를 배추에 싸 먹는 남한 보쌈보다도 더 맛있는 것이 우리 고향의 보쌈밥이다. 보쌈밥은 만두피에 갓 만든 볶음밥을 얹고 감귤만 한 크기로 동그랗게 빚어서 쪄낸 음식으로, 그 모양이 마치 잘 익은 보쌈김치에 밥을 데 구르르 말아놓은 것처럼 생겨 보쌈밥이라 한다. 특히나 찬밥 에 돼지고기나 야채를 듬뿍 넣어 볶아다가 투명한 만두 속 을 채워 풍실하게 쪄내면 식은 밥의 근사한 재탄생이었다. 남한과 달리 북한 만두피는 감자녹말이 많이 들어가 밀크티

속 타피오카처럼 존득거리는 맛이 강했는데, 여기에 속에서
부터 밥알이 터져 나와 만두와 볶음밥을 한꺼번에 즐기는
일석이조를 누릴 수 있었다.

참새가 방앗간을 그냥 지나치지 못하듯, 장마당 거리에
서 먹음직스럽게 보쌈밥을 진열해놓은 가게를 발견할 때면
걸음을 쉬이 옮길 수 없다. 게다가 보쌈밥은 장마당에서 늘
인기가 좋아 금방 팔리는 음식이었기에 나는 마음이 더욱
급해졌다. 곧 어머니의 팔뚝을 잡고 늘어지며 한 접시만 사
먹자고 졸랐고, 그렇게 보쌈밥을 한 번 두 번 사먹기 시작한
우리 가족은 어느새 가게 사장님과 반갑게 눈인사하는 단골
이 되어 있었다.

한국 사람들은 나들이 갈 때 김밥을 챙겨가지만 우리에
겐 보쌈밥이 있었다. 나의 고향은 함경북도 청진 중에서도
외곽에 위치한 무산, 인적이 드물고 교통이 불편한 동네였
다. 함흥까지 가려면 기차를 타도 정전이 비일비재해 열차가
중간에 몇 번이나 멈췄기 때문에 장장 2주 넘게 걸릴 정도
였다. 그렇기에 고향을 한 번 나설 땐 도시락을 든든히 싸는
것이 필수였고, 그때마다 어머니가 짊어진 보따리 속에선 두
말할 것 없이 보쌈밥이 등장했다. 여러 명이 집어 먹기도 간
편하고 몇 개만 먹어도 배가 든든하니 머나먼 여행길 식량
으로는 최고의 메뉴, 영양만점 보쌈밥이 없었더라면 우리는
그 고된 여행길을 어떻게 버텨냈을지 모른다.

황해도는 어딜 가도 지지 않아

작은 고추가 맵다고 했던가. 무산은 서울의 30분의 1 크기의 자그마한 동네였으나 한겨울엔 기온이 영하 20~30℃로 내려가는 엄동설한을 장난처럼 맛볼 수 있었다. 밖에 나가서 날숨 한 번 쉬면 곧장 코 밑이 새파래졌고, 바닥에 뱉은 침이 몇 초 지나면 바로 얼어버렸다 해도 과언이 아니다. 잠깐의 외출에도 손과 발이 냉동 고구마처럼 붉고 딱딱하게 부르트던 매해 겨울, 우리는 생 메주콩 자루를 준비해 두었다가 집에 들어오는 즉시 차갑게 언 손발을 콩 자루 속에 집어넣고 한동안 있었다. 그렇게 하면 온몸 독기는 요 녀석이 다 가져갈 것이라고, 무산의 겨울을 나는 데는 생콩이 제일이라며 어머니는 입버릇처럼 말씀하셨다.

그랬던 내가 처음 겪은 한국의 겨울은 따뜻하기 그지없었다. 남한사회에 나온 1월, 햇살도 녹녹하고 바람도 선선히 불어오는 것이 영락없는 가을 날씨였다. 그렇게 첫 겨울은 온실로 소풍 온 것처럼 패딩도 없이 따뜻하게 나던 나였지만, 이제는 남한 기후에 적응했는지 겨울거리를 거닐 때면 다른 한국 사람들처럼 뚱뚱한 롱패딩을 입고도 오들오들 떨며 걸음을 보챈다.

남한의 지역감정과는 다른 감각으로 북한 사람들의 고향에 대한 애정은 남다를 것이다. 북한에서는 집을 사고파는 것이 법적으로 금지되어 있기 때문에 한평생 이사를 거의 다니지 않기 때문이다. 평양 사람들은 장군님과 함께 사는 멋쟁이들 같고, 황해도 사람들은 순하고 땡해[12] 보였다면 우리 함경북도 사람들은 억양이 센 탓인지 어딜 가든 지지 않는다는 인식이 있었다. 그만큼 우리 고장 사람들은 할 말은 하고 사는 당당한 이미지로 나의 기억에 남았고, 그런 멋진 고장에 산다는 것은 어린 나의 은근한 자부심이자 빼먹을 수 없는 자랑거리였다.

소녀 가장, 유명한 엿장수가 되기까지

열두 살이 되던 해, 아버지가 세상을 떠나자 우리 가족은 눈앞이 컴컴해졌다. 가부장제가 심한 북한 사회에서 집안에 남자가 없으면 가족 전체가 살기 힘들어지기 때문이다. 불행은 연달아 찾아온다고, 아버지의 장례식 바로 다음 날 어머니는 보위부에 잡혀갔다. 남한 영상물을 유포했다는 죄목이었다. 당시 성적이 좋았던 언니는 나라의 인재로 뽑혀 일고등 기숙학교를 다니고 있었고, 온 가족이 떠난 뒤 혼자 남은 나는 언니의 학비라도 보태야겠다는 결심에 학교를 그만두고 장사를 시작했다.

아버지가 생전에 운영하던 양봉농장을 팔아 얼마 없는 자본으로 시작한 것이 채소 장사였다. 적은 돈으로 가장 쉽게 시작할 수 있었기 때문이다. 농장에서 채소를 싼값에 사와 장마당에서 조금 가격을 높여 팔면 하루 끼니벌이는 되

---

12 '멍하다'를 일컫는 북한식 방언.

었다. 그렇게 시작한 장사로 조금씩 돈을 모아 점점 더 비싼 사과나 포도를 팔았고, 나중에는 엿과 사탕도 만들어서 팔기 시작했다.

엿을 어떻게 만드는 지도 몰랐던 내가 장마당의 유명한 엿장수가 된 것은 우연이었다. 교통이 불편한 무산은 지나가던 행인들이 잘 곳이 없을 때 아무 집이나 똑똑, 문을 두드려 하룻밤 묵을 수 있는지 묻는 문화가 있었다. 집주인의 형편이 되면 하루 정도 재워주고 식사도 같이 하곤 했다. 하루는 현관에서 똑똑똑, 소리가 나기에 나가보니 어떤 할머니가 서 계셨다. 날이 어두워졌는데 너무 춥고 고단하다고, 오늘 밤만 자고 가자 하셨다. 밤마다 혼자 자는 것이 무서웠던 나는 말동무가 생긴다는 것이 반가워 어서 들어오시라 했다. 할머니와 간단한 먹거리를 나누어 먹고 이제 잠자리에 들참이었다.

"무얼 하고 지내냐, 너는?" 할머니가 말을 거셨다.

"장사하며 살아요."

"너 그럼, 이걸 만들어 팔면 돈을 더 많이 벌 수 있단다."

다음날 아침, 할머니는 장마당에서 직접 재료를 사와 알사탕과 엿 만드는 방법을 알려주셨다. 그 이후로 군것질 장사를 시작한 나는 채소나 과일을 팔 때보다 조금이나마 더 큰 수익을 내기 시작했고, 연필 살 돈도 없어서 친구들이 쓰고 남긴 꽁다리들을 모아쓰던 언니를 위해 문구류를 사줄 형편까지 되었다.

21세기 서울에선 상상도 할 수 없는 일이지만, 부모님과 함께 살았을 적부터 누가 찾아와 하루 묵을 수 있는지 물었을 때 우리 집은 한 번도 행인을 그냥 돌려보낸 적 없었다. 가진 것은 없지만 부족한 반찬이라도 저녁을 같이 들고 잠자리를 마련해 드리는 것을 당연하게 생각했다. 그들은 이튿날 우리 집을 떠날 때면 부모님 손을 꼬옥 잡고 감사하다는 말을 하셨고, 어떤 때는 며칠 뒤 다시 오셔서 고맙다며 보리쌀을 가마니 째로 선물해 주신 적도 있었다. 남한으로 치면 80년대의 정서일까. 사람들 사이에 정이 많았고, 사람을 무서워할 일도 없었다.

정의를 지키는 꼬마 세일러문

사회주의, 빈부격차.

참 안 어울리는 두 단어가 공존하는 곳이 바로 북한이다. 돈을 많이 버는 직업을 가지면 큰돈을 벌 수 있었지만 그 역시 인맥에 의해 좌지우지되었다. 예컨대 북한에서는 법적으로 금지된 품목이 많아 장사를 할 때 제약이 많은데, 친척 중에 간부 출신이 있으면 눈감아주는 식이었다. 공부를 잘해서 출세하는 길도 있었지만 그 또한 집안 내력의 영향이 컸다. 집안사람 중 한 명이라도 나라를 버리고 중국이나 남한으로 도망간 사람이 있으면 출세의 길은 막혀 버린다. 공부를 잘 했던 우리 언니 또한 어머니가 남한으로 도망쳤다는 이유로 일고등학교에서 쫓겨났다. 개천에서 용 나는 경우도 있지만, 그 용의 꼬리까지 거슬러 올라가서 흠집 하나 없는지 살핀 뒤에야 가능한 일이었다.

힘없는 집안에서 태어났어도 어린 시절 나는 정의의 세 일러문이었다. 나라에서 배급받는 월급이 적다 보니 학교 선생님들은 부유한 가문의 학생들로부터 도움을 받고 그 집안과 한패가 되는 경우가 많았다. 하루는 어느 간부 집 딸이 학급 친구를 왕따 시키는데도 선생님이 가만히 계시는 것이다. 항상 약한 아이들만 괴롭히던 친구였는데, 그걸 어떻게 가만히 보고만 있겠는가! 나는 꼭 그런 친구를 찾아가서 왜 나쁜 일을 하고 다니는지 묻고, 시비를 걸어오면 같이 엎치락뒤치락 하곤 했다. 그걸 알게 된 아버지는 이렇게 말씀하셨다.

"싸우는 건 아무 말 안 한다. 맞고 들어오지만 마라."

하지만 서럽게도, 나를 때린 것은 그 못된 친구가 아닌 그의 아버지였다. 학교로 찾아온 그의 아버지는 수업이 끝나자 나를 따로 부르시더니 칠판 봉으로 내 종아리를 때리셨다. 종아리가 터져서 피가 나고 시퍼런 멍이 새겨질 정도였는데 그걸 보고도 담임선생님은 아무 말 없으셨다. 그럴 수 있는 집안이 아니었기 때문이다.

공포의 구류장, 탈출을 결심하다

어머니가 먼저 한국에 정착하시고 1년쯤 뒤 우리는 연락이 닿았다. 북한에 있던 나와 언니는 어머니를 보러 가기 위해 몇 번의 탈북시도를 했지만 번번이 붙잡혀 실패했다.

한 번은 공안에 붙잡혀 구류장[13]에 끌려갔다. 고개를 푹 숙인 사람들이 무릎을 꿇고 일직선으로 앉아 있었다. 감금 첫 날, 우리보다 먼저 와 있던 언니가 나지막이 말해주었다.

"손가락 하나만 까딱해도 저기 저 군복입은 아저씨가 와서는 때린다."

그 언니는 중국으로 도망갔다가 남한으로 가는 길을 잘 몰라서, 나쁜 중국 사람에게 붙잡혀 인신매매를 당했다고 말해주었다. 팔려간 집에서 원치 않는 임신을 한 뒤 도망치던 중 남편에게 붙잡혔고, 남편은 내가 돈을 주고 산 년이 감히 도망쳤다고 노발대발하며 북한 정부에 고발했다고 한다. 그렇게 언니는 북송되어 구류장에 왔다.

임신을 해 배가 불룩 나왔던 그는 여간 몸이 불편하지 않았을 것이다. 한 번은 통증이 너무 심했는지 언니는 앞으로 고꾸라졌다. 그러자 밖에서 지키던 간부가 구류장에 들어와서는 엄살 부리지 말라며 윽박질렀다. 언니는 아픈 배를 부여잡고 일어나려 했지만 다시 힘없이 쓰러졌다. 간부는 씨앗부터 더러운 것을 뱃속에 품고 있다고, 중국에 가더니 그런 더러운 것을 품어 왔다고 소리 지르며 언니를 마대자루 안으로 던져 넣었다. 그러고선 내 키만 한 각목으로 언니를 때렸다. 자루 밖으로 피가 튀어나왔다. 자루가 빨갛게 물들다 못해 바닥이 끈적한 피로 흥건했다. 미디어를 통해 내가

---

13 죄 지은 사람들을 교도소나 단련대에 보내기 전에 일시적으로 감금하며 심문하는 곳.

살고 있는 나라가 거짓된 사회라는 것 정도는 어렴풋이 알았지만, 그런 광경을 눈으로 본 것은 처음이었다. 그때 나는 그 어느 때보다도 굳게 결심했다. 어떻게라도 여길 탈출해야겠다고.

오빠만 믿으라더니

구류장을 나와 또 한번 탈북을 시도했다. 이번엔 나와 친언니를 더불어 잘 모르는 오빠까지 세 명이 한 팀이 되어 북에서 출발했다. 그런데 국경에 도착하자 브로커에게서 돈을 받은 군대가 우리를 배신했다는 것을 알게 되었다. 우리가 두만강을 건너는 시간대에는 순찰을 돌지 않기로 약속했는데, 그 자리에 순찰병들이 떡하니 돌아다니고 있던 것이다. 그때 언니가 말했다.

"우리 둘 다는 못 넘어간다. 너 먼저 가면 내가 따라갈게."

처음에 나는 언니를 두고 혼자는 못 가겠다고 떼를 썼지만 같이 있던 오빠가 말했다.

"네가 살아야 언니도 나중에 편하게 올 수 있어."

그렇게 언니는 스스로를 희생해 혼자 인질로 잡혀 갔고, 순찰병들을 따돌린 오빠와 나는 그 지역을 무사히 빠져나올 수 있었다.

이제 두만강을 건널 차례였다. 춘분이 지난 지 오래였지만 발가락도 담그기 힘들 정도로 물이 차가웠다. 얼음이 녹은 지 얼마 되지 않았기 때문이다. 게다가 무산에서는 광업이 발달해 광물을 캐느라 강바닥을 깊게 파기 때문에 물살도 세고 쉽게 발이 닿지 않는 곳이 많았다. 물에 들어가기전, 우리는 브로커가 시킨 대로 서로 떠내려가지 않도록 끈으로 몸을 묶었다. 같이 있던 오빠는 자기 허리에 연결된 끈을 내 허리에 묶어줄 때 빙긋 웃으며 말했다.

"나 힘 세, 그러니까 걱정 마."

이윽고 우리는 함께 강물에 발을 내딛었다. 하지만 아니나 다를까, 물살이 센 곳에 이르자 나는 미끄러져 버렸다. 물속에서 한 번 넘어지고 나니 걷잡을 수 없었다. 그러자 옆에 있던 오빠도 같이 떠내려 갈 위기에 처했는데, 오빠가 갑자기 도와 달라는 내 손을 뿌리치는 것이다! 세상에나, 그러고선 자기 허리에 묶여있던 끈 또한 풀어버리더니 혼자서 물길을 재빨리 헤쳐 나갔다. 나는 속수무책으로 강물에 떠내려갔고, 곧 기절했다.

한참 뒤 눈을 떠 보니 나는 나무에 걸려 있었다. 다행히도 중국 쪽 땅이었다. 우리가 출발한 시각은 밤 열두 시 정도였는데 이제는 해가 중천에 떠 있었다. 원래는 브로커가 우리 세 명을 기다렸다가 차를 태워 가기로 했는데 차는 코빼기도 보이지 않았다. 나중에 알고 보니 먼저 도착한 오빠가 나와 언니 둘 다 죽었다고 브로커에게 거짓말하고선, 자기 혼자 그 차를 타고 가 버린 것이었다.

나는 어떻게 해야 할지 갈피를 잡기 어려웠다. 온몸이 물에 젖어 추웠고 혼자 남겨졌다는 생각에 서러웠지만 함부로 걸어 나갔다가 군방대에 잡히면 다시 북송될 것이고, 또 구류장에 끌려간다면 나도 그 임신했던 언니처럼 될 것 같았다. 혹시나 하는 마음으로 두꺼운 나뭇가지를 꺾어다 도로 가운데에 놔두고선, 다시 숲으로 들어와 하루 하고도 반나절 정도 숨죽이며 웅크리고 있었다. 아무도 오지 않는 어두운 그늘 아래 가만히 누워있자니 이런 생각이 들었다. 죽는 게 이런 느낌이구나.

그때였다. 정신이 희미해질 때쯤, 누군가 내 이름을 멀리서 부르는 소리가 들려왔다. 길 밖으로 나가보니 브로커가 나를 찾고 있는 것이다. 우리가 죽었다는 소식을 듣고는 한국에 있던 어머니께서 브로커에게 연락해 그렇게 허무하게 죽을 아이들이 아니라고, 돈은 얼마든지 더 주겠으니 한 번만 다시 찾아봐 달라고 부탁했다고 한다. 그래서 그가 마지막으로 강변을 둘러보고 오던 길, 우연히 도로 위 큰 나뭇가지를 발견하고 직감이 들어 내 이름을 불렀던 것이다.

서러웠던 나는 브로커에게 다 말했다. 그 오빠가 나 넘어지는 것을 보고서는 바로 내 손을 뿌리쳤다고. 아, 그분의 집에 도착하자마자 그 브로커가 오빠의 뺨 싸대기를 찰싹찰싹 때리더라. 얼마나 고소하던지. 그런데 얼마 전에 그 오빠로부터 페이스북 친구신청이 왔다. 제정신이 아닌 듯하다.

미국에 갔어야 하나

중국 도착 이후 브로커의 도움으로 라오스와 태국을 거쳐, 드디어 비행기를 타고 한국에 도착했다. 그런데 인천공항에 도착하자마자 나는 깜짝 놀랄 수밖에 없었다.

'이게 무슨 상황이지?'

고향에서 열심히 '꽃보다 남자'를 챙겨보던 나는 남한 남자들은 다들 구준표 같을 줄 알았던 것이다! 북한은 성형의 기술도 문화도 보편화되어있지 않기 때문에 배우가 일반인과 비슷하게 생겼는데, 남한 드라마에 나오는 사람들은 조연마저 잘생긴 것을 보며 남한 사람들은 태생부터 조각 같은 줄 알았다. 하지만 단순히 내 상상이었나 보다. 또 남한 사람들은 너도나도 안경을 쓰는 것이 신기했다. 북한에는 시력 나쁜 사람이 거의 없고, 내가 다니던 학교엔 안경을 쓰는 학생이 단 한 명뿐이라 그 친구 별명이 안경쟁이일 정도였다. 그런데 한국에선 다들 눈이 안 좋아 안경을 쓰는 것은 물론, 도수 없는 패션안경이니 해 가리는 선글라스니 온갖 안경들을 종류별로 쓰고 다니는 것이 여전히 낯설게 느껴진다.

부푼 마음으로 집을 나선 등교 첫날, 나는 저 멀리 교문 앞에 서 있는 무리들을 보며 당황했다. 남한에 오면 그날그날 입고 싶은 옷을 입고 화장도 자유롭게 할 수 있을 줄 알았는데 여기서도 선도부가 학생들의 복장을 단속하는 것이다. 게다가 줄곧 귀밑 칼단발을 유지해야 했던 나는 한국에 가면 전지현처럼 머리를 길러 치렁치렁하게 풀고 다닐 생각에 설렜는데, 학생들은 머리를 단정하게 자르거나 묶고 다녀야 한다는 것을 듣고 적잖이 실망했다. 자유의 나라인 줄 알았는데 자유가 아니잖아! 그 말을 들은 친구가 나보고, 넌 미국을 갔어야 한다고 말하더라.

하지만 가장 믿을 수 없었던 것은 남한 학생들이 정부나 정책 관련 비판을 하는 것이었다. 북한에서는 꿈도 못 꿀 일이었다. 그래서 나는 처음에 친구들이 대통령 어쩌고, 나라가 저쩌고 얘기를 할 때 속으로 엄청 머뭇거렸다.

'내가 여기에 동참해도 되나? 저 친구 이제 내일부터 못 보는 것 아닌가?'

하지만 그 친구가 무슨 말을 해도 학교는 잘만 나오는 걸 볼 수 있었다. 자유로운 것인지 아닌지, 대한민국은 여전히 무궁무진 알쏭달쏭한 나라이다.

노란 엽서의 진실

북한에서는 정의의 사도이자 짓궂은 말괄량이였던 내가, 남한에 오면서 성격이 180도 바뀐 데엔 이유가 있다. 고등학교 1학년, 일반학교에 입학한 직후 나는 친구들의 말을 절반 정도밖에 이해할 수 없었다. 내 북한사투리가 심한 데다 친구들의 경상도 사투리까지 겹치니 한국말이 도무지 한국말로 들리지 않았다. 그러다 보니 말 한 마디를 하더라도 생각을 많이 하게 되고, 그렇게 말할 타이밍을 자주 놓치면서 성격이 점점 소심해진 듯하다.

'방금 내가 알맞게 알아들었나?'

'지금 이 타이밍에 이 말을 하는 게 맞나?'

첫 중간고사가 닥쳐올 때까지도 나는 친구들이 쓰는 말을 외우기에 바빠 제대로 시험을 준비할 겨를이 없을 정도였다. 그러다 아뿔싸, 시험 전날 밤이 되어서야 나는 부랴부랴 교과서를 꺼내 밤을 지새웠고 드디어 대망의 첫 시험 날 아침을 맞이했다.

1교시 시작 5분 전, 선생님께서 노란 엽서를 나누어 주셨다. 이게 뭘까? 종이 위에는 알 수 없는 번호들이 머리 아프게 오밀조밀 모여 있었다. 이윽고 종이 울리자 시험지가 배부되었고 나는 그 위에 열심히 답안을 적기 시작했다. 50분은 쏜살같이 흘러갔고, 시험이 종료되었을 때 나는 가만히 앉아 조금은 뿌듯한 마음으로 뒷줄에 앉은 친구가 시험지를 걷으러 오길 기다리고 있었다. 그런데 웬걸, 답안을 정성스레 쓴 시험지는 안 가져가고 노란 엽서만 톡 챙겨가는 것이다.

"선생님, 친구가 시험지를 안 가져가서요."

"시험지는 안 줘도 돼요. 그런데 너 왜 OMR카드는 하나도 안 찍었니?"

아, 그 노란 엽서의 정체를 내가 알 도리가 있었겠는가. 선생님 또한 북한에서 온 학생을 처음 맡아보니 내게 무엇을 어디까지 가르쳐줘야 하는지 몰랐던 것이다. 다음 시험 전까지 잠깐의 쉬는 시간 동안 옆 친구에게 필사적으로 물어 OMR카드라는 것의 사용법을 대충이나마 알아냈다. 그렇게 나는 남한에서의 첫 시험을 시원하게 빵 점으로 기록했다.

이 나이엔 현모양처가 되어 있을 줄 알았지!

다사다난했던 3년의 고등학교 생활을 버틸 수 있던 것은 내 주변에 늘 고마운 사람들이 있었던 덕이다. 입학 초기, 아직 친한 친구가 없고 북한 사람이라는 것을 밝히지 않았을 때였다. 하루는 수업을 듣다가 볼펜이 없어서 옆에 있던 친구에게 말을 걸었다.

"나 원주필[14] 좀 빌려줘."

그 친구는 잠시 멍하니 있다가 여기 있어, 하며 볼펜을 건네주었다. 나중에 그 친구와 친해지자 얘기해 주기를, 그는 전에 '이제 만나러 갑니다[15]'를 보다가 북한 사람들이 볼펜 대신 원주필이라는 말을 쓴다고 어렴풋이 들었다고 한다. 더구나 나의 평소 말투도 특이해서 그때부터 눈치는 챘지만, 나를 배려해 내 출신을 계속 비밀로 해준 것이었다. 엿을 만들어 준 할머니도 그렇고, 브로커도 그렇고, 원주필 친구도 그렇고, 나는 좋은 때에 좋은 사람을 만나는 복이 있는 것 같다. 그 혼자 도망간 오빠만 빼면.

한국에 온 지 5년차가 되었지만 아직도 잘 믿기지 않는다. 몇 년 전까지만 해도 내가 한국에 오리라는 것은 생각도 못했기 때문이다. 나는 지금 내 나이쯤 되면 동네 청년과 진작에 결혼해 집에서 밥 짓고 아이를 돌보며 살고 있을 줄 알았다. 그랬던 내가 시험과 과제에 치여 친구들과 맥주도 한 잔 못 마시며 바쁘게 전공 공부를 하고, 우연이 인연으로 닿아 이렇게 많은 사람들에게 나의 이야기를 들려주고 있다.

---

14 볼펜을 일컫는 북한 단어.
15 채널A의 예능 프로그램으로, 탈북자들이 출연해 남과 북의 서로 다른 생활상에 대해 이야기를 하는 프로그램이다.

내일은 또 어떤 일로 머리 꽁꽁 싸매며 괴로워 할지, 모레는 어떤 즐거운 일로 활짝 웃고 있을지, 또 십 년 뒤의 나는 어디에 가서 무슨 일을 하며 살고 있을지 궁금하다. 나는 어릴 적 꿈이 현모양처였고 배가 부르면 그저 행복했는데 한국에 온 뒤로 내 꿈과 행복은 그 결이 다양해졌다. 지금보다 더 큰 꿈과 행복을 위해 살아간다면 욕심일까. 다이내믹한 인생을 얘기할 때 둘째가라면 서러울 정도로 힘들게 고생한 것이 사실이지만, 앞으로도 즐겁든 괴롭든 내 삶을 채워갈 새로운 도전들이 기대된다.

4장

혜산 과줄: 잃어버린 이름을 찾아서

●

양강도 혜산 출신으로 어릴 적부터 장사머리가 남달랐다.
2014년에 탈북한 후, 현재는 주식회사 제시키친을 설립해
고향음식과 문화를 소개하는 일을 하고 있다.
가장 좋아하는 고향 음식은 어머니가 어릴 적 튀겨 주시던 과줄이다.

보기 좋은 과줄이 먹기도 좋다

웃음 많고 활달한 나의 성격은 어릴 적 부모님의 사랑을
독차지하며 자란 덕이다. 저녁이면 아버지는 다정한 목소리
로 내가 좋아하는 동화책을 읽어주셨고, 어머니는 외동딸이
먹고 싶어 하는 음식은 무엇이든 직접 만드는 수고를 마다
하지 않으셨다. 그 중에서도 제일 손이 많이 가는 것이 과줄
이었다. 처음 떡을 찧는 것부터 마지막 고물을 묻히는 것까
지, 그 번거로움에도 어머니는 설 명절이나 생일날마다 맛있
는 과줄을 꼭 직접 준비해 주셨다.

곱게 빻은 쌀가루를 뭉쳐 떡을 쪘을 때 소록소록 김 피
어오르는 모양이 아무리 먹음직스러워도 잠깐은 참아야 한
다. 말랑 따끈한 떡을 비닐봉지로 감싸, 편평한 곳에 올려두
고 만두피처럼 얄팍해질 때까지 밀대로 쭉쭉 밀어 볕 좋은
곳에서 몇 시간을 말린다. 그럼 수분이 모두 날아간 떡은 손

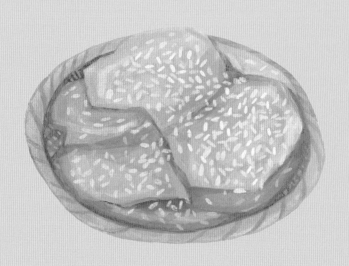

바닥만 하게 쪼그라들었고, 그걸 기름 속에 투하하면 자글자글 요란한 소리와 함께 튀겨지며 다시 한 뼘 정도 크기가 불어나는 마법이 펼쳐졌다. 기름으로 바삭하게 튀겨진 표면에 조청을 펴 바르고 쌀 튀밥을 솔솔 뿌려주면 예쁜 과줄이 완성된다. 한 입 씹을 적마다 바삭한 식감에, 달짝지근한 조청을 혀끝으로 녹여 먹으면, 시중 맛동산과는 비교도 할 수 없이 고소한 기름 맛이 온 세상 행복을 안겨다 주었다.

지역마다 만드는 방식도 조금씩 달랐던 과줄. 우리 집은 쌀 튀밥으로만 덮는 오리지널 과줄을 즐겨 먹었지만 다른 지역에서는 고소한 들깨도 뿌렸다. 보기 좋은 떡이 먹기도 좋다고, 특별한 날에는 흰색 대신 분홍, 노랑으로 곱게 색을 입힌 쌀튀가루를 뿌리는 집도 있었다. 한 번은 평양에서 있었던 삼촌의 결혼식 사진 속에 층별로 색색깔의 과줄이 쟁반 위 높게 쌓여 있는 모습을 보고 깜짝 놀랐다. 고물로 색을 낸 것이 아니라 쌀 반죽을 할 때 미리 색소를 넣어 알록달록하게 색을 입힌 것이었다. 형형색색의 과줄을 보면 하얀 과줄보다 좀 더 맛있어 보이기도 했다. 어릴 적 한 번이라도 음식 색깔 따라 편식을 해 본 사람이라면 누구나 그 심리를 알지 않는가.

매일같이 요리하는 것을 좋아하는 나조차 과줄은 집에서 해먹기 쉽지 않다. 대신 인천에 있는 북한 음식 전문점에서 과줄을 한 박스씩 사다 먹는다. 1kg에 5만원이라는 가격이 비싸다는 생각은 금물. 맛있는 과줄이 종류별로 담긴 큼지막한 한 박스가 오는데 보관도 쉽지, 집어먹기도 간편하지, 과줄을 쟁반 위에 쌓아두고 티비 볼 때, 책 읽을 때, 생각날 때마다 아작아작 씹어 먹다보면 자꾸 손이 가는 것을 멈출 수 없다. 게다가 과줄을 만드는 과정을 안다면 5만원을 기꺼이 내고도 먹고 싶은 음식일 것이다. 과줄 트럭 전화번호를 지인들에게 여기저기 알려주고 북한 관련 행사에서 다과를 준비할 때도 꼭 과줄을 대량 주문할 정도니, 이쯤 되면 과줄 홍보대사라 할 수 있지 않은가?

될성부른 장사꾼은 떡잎부터 알아본다

사랑과 정성으로 나의 유년을 채워주신 어머니는 내가 열한 살이 되던 해에 세상을 떠나셨다. 영원할 줄 알았던 버팀목이 사라지던 날, 일종의 생존 본능을 느꼈던 나는 그 이후 더 씩씩하게 행동했다. 어머니의 빈자리를 나의 노력으로라도 채워야 한다고 생각했던 것이다.

대학 교수이던 아버지는 일이 바빠 나의 학교생활이나 가사에 크게 신경 쓰지 못하셨다. 세금 없는 나라인 북한이라지만 건물 수리비니, 땔감이니를 비롯해서 내가 직접 학교에 바쳐야 하는 것들이 많았다. 또 내가 몇 년 뒤에 고등학교를 졸업하더라도, 아버지 월급이 적은 탓에 대학에 가기 어렵다는 것을 알게 되었다. 어차피 집안이 가난해서 대학에 가지 못 한다면 차라리 지금부터 공부에서 손을 떼고 장사를 시작하고 싶었다. 돈 버는 머리가 남다르다는 말을 어릴 적부터 자주 들었기 때문이다.

내 생애 첫 장사는 아마 일곱 살 때 벌인 사탕 장사였을
것이다. 나는 군것질을 정말 좋아했지만 풍족하게 간식을 사
먹을 가정 형편이 아니었다. 가끔 엄마가 사탕을 10원어치
사주셔도 그건 고작 다섯 알밖에 안됐다. 다섯 알은 정말 한
입 거리도 안 되는데! 고심 끝에 나는 사탕가게에서 부모님
이름으로 외상을 달고 사탕 1kg 한 박스를 샀다. 그리고 할
머니네 시골 동네로 내려가서는 마을 아이들을 상대로 사탕
을 몇 알씩 팔았다. 동네 구멍가게에서 낱개로 사는 것보다
훨씬 저렴한 가격이었기에 마을 아이들을 불러 모으는 것은
어렵지 않았다.

"너 사탕 몇 알 줄게, 대신 집에 있는 보리 한 됫박 가져와."

코흘리개 어린이들에게는 사탕을 사먹을 돈이 없다는 것
을 이용해서, 나는 얼마어치 사탕을 주는 대신 집에 있는 콩
이나 보리 같은 곡식을 얼마큼 가져 오라고 선심 쓰듯 말했
다. 눈앞에 달콤한 사탕을 보이면서 살살 구슬리는 목소리로
꼬드기면 안 넘어 오는 아이가 없었다.

또 마을 곳곳의 아주머니들을 찾아다니며 졸랐다.

"아주머니, 사탕 사세요, 아주머니 돈 많잖아요."

어른들이 보기에 조그만 꼬마 아이가 당차게 사탕을 팔
아 달라 하면 맹랑한 것이 귀엽기도 해 안 팔아줄 수가 없
다. 그렇게 해서 시골동네 이모, 삼촌 등 동네 어른들로부터
한 푼 두 푼 벌어들이는 것은 식은 죽 먹기였다.

할머니네 동네에서 실컷 장사를 한 뒤 우리 마을로 돌아
오는 발걸음은 가벼웠다. 벌어온 돈으로 사탕가게 외상도 갚

고, 남는 이윤으로는 사탕을 다시 사서 실컷 먹을 수 있었기 때문이다.

그 후 12살 때인가, 엄마가 돌아가시고 아빠와 단둘이서 생활할 때였다. 하루는 장마당 입구 부근, 버스에서 장사꾼들이 우르르 내리는 모습을 보며 저기서 아침 요깃거리를 팔면 잘되겠다는 생각을 했다. 마음속으로만 생각하면 무엇하나, 나는 바로 실천에 옮겼다. 텃밭에서 옥수수를 50개 정도 따다가 장날 새벽 네 시에 일어나서 큰 솥에 넣고 모락모락 쪘다. 맛있게 찐 옥수수를 커다란 플라스틱 비닐봉지에 담아서는 머리에 이고 장마당 입구로 향했다. 갓 동이 트는 8월의 새벽은 서늘했고, 장사꾼 아주머니들은 아침밥을 제대로 챙겨먹지 못하고 일찍 나서느라 출출했을 참이다. 장마당 들어서는 길목에 달짝지근한 옥수수 냄새를 맡고도 안 사먹고 배길 수 있겠는가. 그날 옥수수 50개는 순식간에 완판 되었고, 집에 식재료도 없던 차에 나는 기름도 사고 된장도 사고 소금도 사서는 양팔 가득 안고 기분 좋게 집으로 돌아왔다.

이렇게 어릴 적부터 장사 머리만큼은 남들보다 늘 한발 앞서 있었는데, 제대로 된 장사를 시작 못 해볼 이유가 무엇인가. 중학교 1학년 즈음 나는 결심을 굳히고 아버지께 말씀드렸다.

"저 이제 학교 그만 둘래요. 장사할 거예요."

처음엔 할머니 댁이 있는 산골마을로 내려가 뒷산의 약초를 뜯어다 파는 것으로 장삿길에 올랐고, 나중엔 곡식이나

과일, 한약재 등 더 비싼 품목들에 손을 대며 점점 사업의
규모를 키워갔다. 어린 나이지만 전문 상인들 못지않게 수완
이 좋았고 몇 년간 살림살이를 조금씩 불려 나가는 기쁨도
있었다. 하지만 돈 버는 재미도 잠깐, 장사 꿈나무로서의 삶
은 오래가지 못했다.

빼앗긴 잣 2천 송이

2009년, 대대적인 화폐 개혁을 거치며 북한사회에 경제
적인 혼란이 찾아왔을 때쯤이다. 그래도 나는 어린 나이에
학교를 일찍 그만두고 남들보다 열심히 노력해 가난의 굴레
에 벗어나게 되었고 조금이나마 사회에 적응하며 살았다. 다
만 그런 나를 집안에서 아니꼽게 보는 눈길이 줄곧 있었다.
어느 날, 한 친척이 나를 불법품목 유통 상인으로 검찰에
신고했다. 당시 나는 잣 장사를 했는데, 직접 나무에 올라
잣을 따오기도 하고 마을 사람들이 따온 잣을 사오기도 했
다. 그렇게 모은 잣은 도합 2천 송이가 넘었다. 그 많은 잣
을 움직일 수 없었던 나는 친구 집 감자움[16]에 잣을 보관하
고 있었는데, 하룻밤 사이에 모든 잣을 빼앗기게 되었다. 사
실 나는 경제적인 어려움, 개인적인 불안 등은 견딜 수 있었
지만 가족들의 미움 어린 시선마저 감당하기엔 10대의 나는
역부족이었다.

---

16 '감자굴'의 북한어.

내 고향은 국경에 맞닿아 있는 혜산이었어서, 강 건너 중국 동네들을 쉽게 볼 수 있었다.

"아빠, 우리 집은 왜 전기가 없어?"

새해를 기리는 명절날이면, 우리 마을은 정전이 되어 저녁 일곱 시부터 벌써 어두컴컴한데 저 나라에선 축포가 터지고 쓸데없는 가로등 하나하나마저 너무 밝은 것이다. 우리는 추운 겨울날을 버티게 해주는 온돌 불을 지피기 위해 장작 마련하는 것도 힘겨운데, 강 건너 저 동네는 오색찬란한 네온사인이 반짝인다는 것이 억울했다. 그들이 누리는 화려한 일상은 가난이 배어 있는 우리 마을 풍경과 너무도 달랐다.

해가 갈수록 그 괴리감이 쌓여 갔다. 단지 강 하나 차이인데, 나도 저런 곳에 가서 살 수 있지 않을까. 현재 18살인 내가 70살에 죽는다 하면 앞으로 50년이 넘는 세월을 이 어두운 나라에서 살아야 할까, 아니면 20대를 시작하며 새로운 도전을 할까. 결국 나는 내가 그려왔던 삶을 위해 도전을 택했다.

가만히 있는 똑똑이보다 나다니는 바보가 되렵니다

앉아있는 똑똑이보다 나다니는 바보가 낫다는 말처럼, 가만히 있어서는 아무것도 변하지 않는다 생각했다. 목숨을 걸고서라도 무언가를 해야겠다 결심한 나는 친척들에게 이 나라를 떠나겠다고 말한 뒤 집을 나왔다.

고향을 떠나던 날 아침 일찍 10년지기 친구를 찾아가 이

나라를 함께 벗어나자고 말을 꺼냈다. 만약 친구가 나를 안전원에 신고했다면 나는 지금 여기에 있지도 못했을 것이다. 고맙고 또 놀랍게도 친구는 같이 가겠다고 승낙했다. 무모한 결정이었지만, 우리는 함께 압록강을 건너게 되었다.

"야, 나는 네가 로봇인 줄 알았다."

나중에 듣게 된 이야기지만 그날 친구는 나를 보며 깜짝 놀랐다고 한다. 어떻게 그렇게 감정이 메말랐냐면서…. 처음 마을을 나서면서부터 강을 건너는 내내 친구는 이 땅을 언제 다시 밟을 지 모른다는 슬픔에 압록강이 범람할 것처럼 계속 눈물을 줄줄 흘렸는데 나는 아무런 표정도 없이 묵묵히 발만 옮겼다. 그때 나는 일부러 마음을 강하게 먹었다. 이제 나를 챙겨줄 사람은 아무도 없는데 조금이라도 나약해지면 모든 것이 한순간 무너져버릴 것 같았기 때문이다.

국경을 넘으려 결심한 이후부터 4주 내내, 눈물 한 방울 흘리지 않고 뜬 눈으로 밤낮을 지새우던 나는 무사히 중국 땅에 들어서자마자 갑자기 울음보가 터졌다. 익숙했던 공간을 떠나보내는 먹먹함, 통일이라는 추상적인 단어가 과연 실행될까 하는 두려움도 있었지만 가장 슬펐던 것은 바로 어머니의 산소를 다시는 찾아갈 수 없다는 것이었다. 살아 있는 사람은 전화를 통해 목소리를 듣거나 언젠가는 직접 만나 얘기할 수 있지만 돌아가신 어머니는 내게 올 수 없으니 내가 찾아가야만 하는데, 북한을 떠나는 시점부터 어머니를 볼 수 없다는 것이 덜컥 실감이 났다. 그때부터 나는 서러움이 몰려오며 친구를 부둥켜안고 엉엉 울었다.

같이 탈북한 그 친구는 2019년 9월경에 결혼했다. 어려운 길을 선뜻 함께해준 것이 여전히 고맙고, 결혼이라는 기쁜 일을 축하함과 더불어 앞으로 이어나갈 남한에서의 삶 또한 진심으로 응원한다. 그리고 머지않은 날에 통일이 된다면 우리가 함께 고향마을을 찾는 일이 있기를 바란다. 서울에서 멀지 않은 혜산, 직선거리로는 부산보다도 가까울 혜산이지만 우리는 그 가까운 거리도 마음대로 가지 못한다. 한반도 어디든 자유롭게 오갈 수 있는 날이 온다면, 그리운 어머니의 산소에 가서 열한 살 때의 나로 돌아가 여태 너무 보고 싶었다고 말하며 마음껏 울고 싶다.

잃어버린 이름 석 자를 되찾다

북한을 떠나 중국에 정착한 나는 6개월 넘게 지인의 집에 얹혀살며 중국어를 배웠다. 어린 나이 덕에 언어를 빠르게 배웠고, 곧 중국말이 익숙해진 나는 맨땅에 헤딩하듯 길림[17] 시장에 나가 장사를 시작했다.

자산이 있어야 장사를 시작할 수 있다고 생각한다면 오산이다. 나는 밑천 하나 없이 시작한 사업을 점차 확장해 나갔다. 중국 사람들이 쉽게 구하지 못하는 물건일수록 잘 팔리고 가격을 높게 쳐주었다. 특히 북한산 영지버섯 등 북한

---

17 중국 동북에 위치한 성. 지린성이라고도 한다. '성'은 중국의 행정구역 중 하나를 일컫는 말이다.

에서 값싸고 질 좋은 한약재가 들어오면 샘플을 챙겨 들고 중국 시장에 있는 약재상들을 직접 찾아다녔다. 1kg에 750위안을 주고 들여온 영지버섯을 약재상에 들러서는 최고급이다, 자연산이다 해 가격흥정을 시작하는 것이다. 약재상 사람들도 좋은 재료는 한눈에 알아보기 때문에 흥정만 잘하면 1kg에 1,300위안까지 받을 수 있었다. 이런 식으로 장사에서 매번 40~50%의 이윤을 내는 일은 어렵지 않았다.

그렇게 2년 정도 일을 하면서도 내가 북한에서 왔다는 것을 알아채는 사람은 아무도 없었다. 중국말을 워낙 잘하기도 했을뿐더러 누굴 만나든 이름과 신분을 숨기며 살았기 때문이다. 중국인은 물론 조선족을 만났을 때에도 중국말을 썼고, 불가피하게 북한 사람을 만나야 할 경우에는 다른 사람을 대신 내보내며 철저하게 나를 숨겼다.

그림자 같은 생활이 계속되자 마음속에 멍울이 맺혔다. 장사 수완이 좋아 먹고 싶은 것은 원 없이 사 먹고 아버지께 매달 생활비도 꼬박꼬박 보내면서도 내겐 모두가 갖고 있는 이름조차 없었다. 사람을 나타내는 것 중 가장 대표적인 것이 이름인데 나는 매번 이렇게 이름을 바꿔가며 신분증 하나 없이 살아야 하는 것일까. 이러다가 길거리에서 개죽음을 당해도 나는 정말 아무도 모르게 죽지 않을까. 그래서 결심했다. 내 이름 석 자를 되찾을 수 있는 나라로 가야겠다고.

처음 한국에 와서 신분증을 발급받았을 때 그 매끄러운 카드 위로 내 이름 세 글자가 땅 땅 땅 들어가 있는 걸 보니 눈물이 나더라. 이 이름 세 글자를 찾기 위해 얼마나 많은 위험한 시간이 흘렀고, 얼마나 많은 상처와 도전이 있었는가. 누구나 태어나면서부터 이름이 주어지고 그 이름으로 매일같이 불리지만 누군가는 그 흔한 이름조차 정정당당하게 사용하지 못하는 아픔이 있다. 비단 나만의 이야기가 아니라, 나를 비롯한 3만 명의 북한이탈주민들이 비슷하게 느낀 감정이리라.

요리 교실을 넘어 문화소통의 장으로

남한에 온 뒤 나는 내가 좋아하는 일과 잘하는 일을 융합해 새로운 도전을 해보고 싶었다. 내가 어떤 사람일까 생각하던 중, 어릴 적부터 요리를 참 좋아했다는 것을 새삼 떠올렸다. 명절 때가 되어 친척들 20~30명이 모여서 함께 식사할 때면 우리는 몇백 인분의 음식을 준비했는데, 나는 그럴 때마다 투정 한 번 부리지 않고 신나게 전을 부치고 생선을 구웠다. 한국에 와서도 친구들에게 저녁밥을 지어주고 맛있게 먹는 모습을 보면서 엄마가 자식 바라보는 심정이 느껴질 때도 생각했다. 아, 나는 요리하는 것을 정말 좋아하는구나.

사람들은 내게 요리를 전공했는지 물어본다. 하지만 내 전공은 중국외교통상이며, 2019년부터는 북한 요리 관련 사업을 준비했었다. 전혀 관련 없는 분야들처럼 보일 수 있지만 어릴 적부터 장사 머리도 있겠다, 내가 공부하는 학과에 좋아하는 요리까지 융합해 하나의 사업으로 발전시켜 나가려 계획 중이다.

그중 하나가 바로 쿠킹 클래스였다. 나는 북한 출신이 아닌 사람들이 북한 전반의 문화에 공감할 수 있는 이야기를 만들고 싶다. 그리고 그 이야기가 내가 좋아하는 요리에 얽힌 것이라면 더욱 자신 있다. 남한 사람들이 북한 음식에 대한 정보는 매체를 통해 많이 접할 수 있지만 막상 직접 만들어 먹을 기회가 적고 레시피가 대중화 되어있지 않으니, 쿠킹클래스를 통해 그 기회를 제공하고 싶다. 더불어 특정 북한 음식의 레시피를 넘어서 북한의 식생활이나 문화 전반에 대한 이야기도 오간다면, 다가올 통일을 위한 소통의 장으로도 나아갈 수 있지 않을까 기대해 본다.

2천 5백만의 서로 다른 이야기

몇 해 전 북한 관련 행사에 참여했다가 북한 관련 비영리단체 LINK[18]를 알게 되었다. 북한과 관련된 여러 단체가 있지만, LINK가 특히 끌렸던 이유는 무엇보다도 기성세대의 관점이 아닌 새로운 관점으로 북한 문제를 바라본다는 것 때문이었다. 구시대적인 문제의식에 사로잡히지 않고 매일 새로운 영감으로 프로젝트를 시도하는 모습에, 나도 뜻을 함

---

18 LIBERTY IN NORTH KOREA의 약자. 탈정치, 탈종교 바탕으로 사람에 집중해 세상을 변화시키고자 하는 단체.

께하고 싶다는 생각이 들어 대표님을 찾아가 이야기를 나눈 뒤 LINK 활동에 동참하게 되었다.

나에게 닥친 최대의 난관은 영어였다. 국제단체이다 보니 영어를 자주 사용하는데, 영어에 자신이 없고 혼자서 공부할 금전적·시간적 여유도 없었던 나에게 영어란 큰 장벽이었다. 그런 내게 어느 날 운 좋게도 회사에서 주최하는 해외연수 프로그램에 참가할 수 있는 기회가 주어졌다. 부푼 설렘을 안고 미국으로 떠나 일 년간의 공부를 마치고 한국으로 돌아왔을 때, 나는 영어 실력뿐 아니라 여러 방면에서 성장해 있었다.

미국으로 떠나기 전 바쁜 대학생으로 살던 나는 생활비를 벌면서 대학을 다니느라 여러모로 지쳐 있었다. 과제와 아르바이트라는 똑같은 패턴의 일상이 힘들고 지겨웠던 탓에 새로운 사회를 경험하고 싶었다. 그뿐만 아니라 일종의 매너리즘에 빠져있던 나는 내가 북한과 관련된 일을 잘 해낼 수 있을지, 어떻게 나아가야 할지 혼란스러웠다. 그랬던 내가 믿음과 방향성을 확고히 할 수 있었던 계기가 바로 미국에서의 경험이었다.

'정말로 많은 사람이 북한 사람들을 도와주기 위해 이렇게 노력하고 있구나.'

잘 알려지지 않은 나라에 대해서도 세계 사람들은 이렇게 따뜻한 관심을 갖고 있다는 사실을 외국에 나가 처음 느꼈다. 북한과 전혀 연관이 없는 사람들조차 북한이탈주민들의 목소리에 귀를 기울여 준다면, 북한 관련 이슈의 최전방

에 놓인 나는 더더욱 포기하지 않고 우리의 이야기를 알려야겠다고 결심했다. 그때 얻은 위로와 에너지 덕에 한국에 돌아온 이후로도 바쁘게 인턴으로 일할 수 있었고, 2019년에는 감사하게도 후원회 행사 날에 내가 주 연사로 연설하는 기회를 얻었다. 300~400명이 모이는 공식적인 자리에서 멋진 정장을 입고 나가 영어로 나의 이야기를 할 생각에, 부푼 마음으로 열심히 준비했다.

세계가 북한을 바라보는 시각은 보통 일반화되어 있다. 그나마 남한에는 북한이탈주민들 덕에 북한 문화가 조금이라도 유입되지만, 해외에서 북한의 이미지는 정말 김정은, 핵, 독재, 가난 등의 몇 가지 제한된 수식어들만으로 완결된다. 나는 이 2천 5백만의 북한 사람들이 하나의 프레임으로 묶이는 것이 너무도 안타깝다. 5천만 대한민국 국민들이 한 가지 관점 속에 묶일 수 없는 것처럼, 44억 아시아 인구가 한 갈래로 매듭지어질 수 없는 것처럼 북한도 마찬가지다. 북한 사람 한 명 한 명에게 각자 다른 이름이 있고 이야기가 있다. 우리의 주민등록증에도 주소보다 이름 석 자가 먼저 새겨지지 않는가. 그처럼 언젠가는 세계 어디서든 북한 사람을 만났을 때 그들의 출신 지역이 아닌 그 사람만의 소중한 이름 석 자에 귀 기울이는 날이 오기를 꿈꾼다.

3부.

깊고

진한

이야기

1장

온성 참살구:
전 세계 누구나 오장육부는 똑같단다

●

함경북도 온성군 온탄 출신이다.
1998년에 탈북해 2000년에 남한으로 왔다.
다양한 직종을 거쳐온 후,
북한의 일상을 알리기 위해 유튜브 채널을 개설한 지 3년 차.
현재, 유튜버 '북한남자 탱고'로 활발히 활동 중이다.
가장 좋아하는 과일은 고향의 추억이 깃든 참살구이다.

달밤의 참살구 전사

가난한 나라에서 가난한 시기에 태어난 것이 죄일까. 어
릴 적 나는 늘 배가 고팠다. 장마당에서 먹거리를 사 올 돈
이 없으니 어떡하랴, 동생들을 데리고 산으로 강으로 쏘다닐
수밖에. 깊은 산 속 들어가 비닐봉지 한가득 고사리와 취나
물을 캐어오는 것이 일상이었고, 두만강변에 그물 쳐 운 좋
은 날엔 쏘가리나 산메기를 잡아 구워 먹는 것이 큰 행복이
었다.

하지만 이름만 들어도 유년의 풋냄새가 풍겨오는 참살구.
남한에는 자두도 많고 복숭아도 많은데 살구는 왜 잘 안 보
이는지 모른다. 백도만큼 커다랗고 즙이 많은 것이 백살구,

그보다는 조금 작고 알이 단단하게 뭉쳐 있는 것이 참살구다. 맛으로나 향으로나 인기는 백살구가 많지만 참살구를 더 좋아하는 이유는, 잊을 수 없는 특별한 추억이 얽혀 있기 때문이다.

어느 가을날이었다. 도무지 배가 고파서 안되겠는 것이다. 인적이 드문 한밤중, 동네 동생들을 불러 모아 배낭 하나 챙겨서는 윗동네 과수원으로 몰래 숨어 들어갔다. 누가 보지는 않는지 이리저리 획획 둘러본 다음, 노오란 참살구가 복스럽게 열려 있는 살구나무를 다람쥐처럼 살금살금 기어 올랐다. 가지를 앞뒤로 흔들자 그 탐스런 열매들이 투두둑거리며 땅으로 떨어졌고, 어서 주워 담으라는 내 지시에 동생들은 다 찢어져 가는 감색 배낭 속으로 참살구들을 주워 담기 시작했다. 우리의 일당을 서둘러 챙기고선 소리 없이 과수원을 나가며 잘했다고, 이제 얼른 동네로 돌아가 셋이 나누어 가지자 하며 발걸음을 재촉하는 우리 얼굴엔 철없는 미소가 번졌다. 그때였다.

"야, 멈춰 봐라."

저 앞에 모여있던 험상궂게 생긴 형들이 우리를 부르는 것이었다. 우리보다 두세 살은 많아 보였다. 가방에 먹을 것이 들어있다는 건 어떻게 알았는지, 가방을 어서 내놓으라 했다.

"우리가 그렇게 개고생을 했는데 어떻게 줍니까."

우리가 먹을 참살구라고, 못 주겠다고 바락바락 대들었다. 그러자 형들이 갑자기 주먹을 들었다. 우리는 우리대로 가방을 던져두고 저항했고, 그렇게 3대 3 주먹다짐이 시작되었다. 아, 달밤에 개미 새끼 한 마리 없는 시골길에서 초등학생들이 먼지가 나게 몸싸움하는 모습이란! 액션영화의 한 장면이 따로 없었다. 결국 몇 시간째 악으로 버티는 우리에게 혀를 내두르며 형들은 떠났다. 턱이고 명치고 안 쑤신 곳이 없었지만 우리의 참살구를 지켜냈다는 것만으로도 얼마나 뿌듯했는지 모른다.

고향 생각을 할 때면 꼭 그날 밤 함께 거리 위를 뒹굴던 동생들이 생각난다. 투쟁이 끝난 뒤 강둑길에 걸터앉아 참살구 한 알씩 꺼내 들고 손목으로 슥슥 닦아 베어 물 때, 서걱서걱한 살구살 속에서 터져 나오던 풋풋한 향이 얼마나 맑고 시원하던지. 가로등도 없는 거리 달빛으로 어렴풋하게 윤곽지는 서로를 쳐다보며 후르륵 먹던 참살구, 그건 그날 밤 동생들과의 의리의 증거였다. 우리는 동네를 몰려다니다 누가 억울하게 괴롭힘 당하는 모습을 보면 먼저 나서서 싸우는 아이들이었고, 공부는 못하고 집도 가난하지만 의리만큼은 끝까지 지킨다는 치기 어린 정의감에 자랑스러웠다. 그 시절은 그렇게 다 내어줄 정도로 친했던 동생들인데. 지금은 어디에 있는지, 잘 지내는지도 모르는 사람들이 되었지만 한때는 악바라지게 불의에 대들던 까까머리들의 우정이 꼭 한 번씩 그립다.

눈물을 머금은 강냉이 잔치

고향을 묻는 이들에겐 편의상 온성[1]이라고 말하지만, 내가 실제로 나고 자란 지역은 온탄[2]이다. 온탄에는 크고 작은 탄광들이 많고 윗동네 아랫동네가 커다란 계곡물 한 줄기로 연결되어 있었다. 맑은 날 저녁이면 아담한 처마 위로 살굿빛 노을이 처연히 드러나는 동네였다.

아름답기로 제일인 동시에 가난도 제일인 동네였다. 과장이 아닌 것이, 고난의 행군 시절 모두가 가난할 때 정부는 평양에서 가장 먼 지역부터 배급을 끊었다. 한반도의 끝 함경북도 중에서도 국경과 맞닿은 동네에 살던 우리 가족은 갑자기 막막해졌다. 아버지는 군인, 어머니는 간호사로 맞벌이를 했어도 늘 먹을 것이 없었다. 아버지는 한 달씩 집을 나가 친구집, 친척집에 돈이나 식량을 빌리러 다니셨고 어머니는 파라티푸스[3]에 걸려서는 늘 방에서 앓고 계셨다. 나이 어린 동생도 허약하다 못해 일어설 힘조차 없어 종일 누워 있었다.

장남으로서 너무 답답했던 나는 어느 날 무작정 길을 나섰다. 가난이 하루 이틀 일은 아니었지만, 그날은 유독 어머니와 동생을 배불리 먹이고 싶었다. 그때 눈앞에 강냉이 밭[4]

---

1 함경북도 북부에 있는 군.
2 온성에서 분리된 온성탄광지구.
3 2급 감염병으로, 파라티푸스균(Salmonella Parathphi A, B, C) 감염에 의한 급성 전신성 발열성 질환이다.
4 옥수수 밭.

이 보였다. 아무 생각 없이 일단 뛰어 들어가 눈앞에 보이는 대로 생 강냉이를 집어 들고선 허겁지겁 껍질 벗겨 씹어 먹었다. 제대로 여문 강냉이는 알이 차고 누르스름하지만, 그때 내가 먹은 강냉이들은 허여멀건 알갱이들뿐이었다. 그러나 설익은 강냉이로도 포만감이 들자 행복했고, 집에 있는 어머니와 동생에게도 주기 위해 강냉이 대여섯 개를 꺾어 양팔 아래 끼어 들고선 잰걸음으로 밭을 나섰다.

"야, 놔라."

그때였다. 북한은 땅이든 재산이든 개인의 소유가 거의 없었고, 텃밭도 나라 자산의 일부이니 군인들이 지키고 있던 것이다. 어서 강냉이를 내려놓으라고 군인이 말했다. 못 들은 척 계속 걸어가니 그는 욕을 하기 시작했다. 그러고선 나에게 달려와 귓방망이를 여러 대 때렸는데, 눈을 질끈 감고 맞으면서도 나는 어떻게든 이 강냉이들을 꼭 어머니께 갖다 드려야 할 것 같았다. 계속 강냉이를 놓지 않지 화가 난 군인은 자신이 들고 있던 총의 개머리판으로 내 머리를 때렸다. 나는 바로 기절했다.

눈을 떠보니 병원이었다. 티셔츠에 피가 잔뜩 묻어 있었고 머리가 아팠다. 내가 자는 사이에 상처를 꿰매 놓은 것이었다. 아직도 오른 관자놀이를 보면 흉터가 남아있다. 비몽사몽 하며 침대맡을 보니 나를 때렸던 군인의 가방이 있었다. 그 속에는 강냉이가 열 개는 족히 있었다. 본인도 나를 때리고선 놀랐는지, 나를 병원에 데려다주고 강냉이도 몇 개 더 챙겨준 것 같았다. 그날 나는 그의 배낭을 챙겨 들고 피

묻은 옷을 입고선 집까지 냅다 달렸다. 병원에서 집까지 23km 정도 떨어진 거리였는데 40분도 안 되어 도착했을 정도니 그때의 기분은 말로 못할 기쁨이었다. 아, 그날 저녁 우리는 오랜만에 가마를 꺼내다 강냉이를 폭폭 쪄서는 배가 터지도록 먹었다. 하지만 가난이 비단 우리 집만의 이야기는 아니었다.

첫사랑을 하늘나라로 떠나보내다

나의 첫사랑은 피부가 생크림처럼 하얗고 눈망울이 큰 친구였다. 나와는 다르게 성격도 활달하고 맑은 웃음소리가 참 듣기 좋았다. 같은 반 짝꿍이었는데도 나는 말도 제대로 못 걸고 안녕, 안녕 인사만 할 정도로 숫기가 없었다. 당시 그 친구를 좋아하면서도 나는 어렸기 때문에 다른 친구들에 비해서 내가 그 친구에게 관심이 좀 더 많은가보다 했을 뿐, 그게 무슨 감정이었는지는 알지 못했다.

하루는 학교에 갔는데 그 친구가 보이지 않았다. 북한에서는 학생이 학교에 안 나오면 짝꿍을 시켜 그 집에 찾아가도록 한다. 우리 선생님도 나보고 방과 후에 한번 찾아가 보라길래 수업이 끝난 뒤 짝꿍의 집으로 갔다. 할머니와 단둘이 사는 친구였는데 대문 앞에서 이름을 여러 번 불러도 아무 기척이 없었다. 집에 없구나, 생각을 하고 나는 발길을 돌렸다.

며칠째 그 친구가 학교에 나오지 않았다. 그래서 이번에는 조금 불안한 마음과 함께 다시 그 친구의 집을 찾았다.

"○ ○야, 놀자."

이번에도 마찬가지였다. 아무 기척이 없었다. 집에 없을까? 어린 나이지만 직감은 있기 마련이다. 문을 몇 번 두드리다가, 그냥 손잡이를 잡고 열어 보았다. 방바닥에 그 친구가 누워있는 게 보였다. 눈도 제대로 못 감고 죽어 있었다. 원래도 말랐던 친구였는데 하얀 가죽 밖에 남아있지 않았다. 할머니는 어디 계신지 보이지 않았다. 아마 할머니도 식량을 구하러 멀리 나가셨다가 결국 집으로 돌아오지 못 하셨던 것이리라.

그날 나는 누군가의 죽음을 보고 처음으로 슬펐다. 공개처형이나 옆집 할머니의 별세 등 북한에서 죽음이 드문 일은 아니었으나 좋아하던 사람과의 사별을 경험한 것은 그때가 처음이었다. 내 첫사랑은 그렇게 가만히 누워있는 마지막 모습으로 기억된다. 목탁처럼 소리도 없이 말라 있던 모습. 내 나이 열세 살 때의 일이었다.

배만 부르면 해결될 줄 알았건만

돈을 빌리러 집을 나갔다 오랜만에 돌아오신 아버지는 충격에 빠지셨다. 어머니는 앓아누워있지, 동생은 뼈만 남아 있지, 나는 머리가 터져있지, 집안 꼴이 말이 아닌 것이었다. 이렇게는 못 살겠다 싶었는지 어느 날 아버지가 말을 꺼내셨다.

"굶어 죽든 도망가다 총 맞아 죽든 똑같다. 차라리 목숨 걸고 중국 가서 배 터지게 먹고 죽자."

다른 탈북민들 이야기를 들어보면 자유를 얻고 싶어서, 남한 아이돌을 좋아해서, 혹은 이루고 싶은 꿈이 있어서 등, 북한을 떠날 때 각기 멋진 다짐들이 많았지만 우리는 그저 배가 너무 고팠다. 더군다나 온탄은 국경지대에 있다 보니 중국에 대한 이야기가 많이 돌았다. 다른 건 몰라도 중국에 가면 먹을 것이 많다더라. 우리는 강냉이조차 못 삶아 먹는 데 중국에는 밥도 있고 빵도 있고 국수도 있다더라. 우리는 정말 굶기 싫어서, 살고 싶어서 네 가족이 손을 잡고 함께 두만강을 건넜다.

중국에 가보니 먹을 것이 정말로 많았다. 식당도 많고 길거리 음식도 많고 여기저기 먹을 것 천지라 처음에는 눈을 어디에 두어야 할지 몰랐었다. 하지만 사람의 욕심은 끝이 없다고, 못 먹을 때는 배불리 먹는 것만으로도 모든 게 행복해질 줄 알았는데 그게 아니었다. 배 부르면 멋진 옷을 입고 싶고 멋진 옷을 입으면 근사한 차를 타고 싶은 것처럼, 당시 나는 배가 부르니 공부가 하고 싶었다. 하지만 불법체류자 신분이었던 나와 동생은 학교 가는 것은 꿈도 못 꿨다.

중국에서 지낸 3년간 나라 없는 설움이 파고든 것도 사실이다. 길을 가다 아무 이유 없이 욕을 들어도 두들겨 맞아도 참아야 했다. 한 번은 오토바이에 치여 길바닥에 열 시간 동안 기절해 있던 적도 있었다. 그 열 시간 동안 아무도 나를 신경 쓰지 않았을뿐더러 혼자 정신을 차려 새벽에 일어났을 때도 병원에 갈 수 없었다. 억울한 일들을 당하면서도 되레 경찰에 신고당할까 늘 두려움에 눌려 있었다.

부모님도 마찬가지였다. 어머니와 아버지가 북한 출신이라는 이유만으로 고용주들은 월급을 적게 주면서 일은 많이 시켰다. 철없는 나였지만, 부당한 이유로 부모님이 무시받고 착취당하는 모습을 보는 것이 괴로웠다. 당시 아버지는 하루에 20시간씩 일해서 손이 늘 거칠었다. 자색 강냉이처럼 핏줄 터진 손등은 푸르댕댕했고 너무 닳아버린 손끝에선 감귤에 붙은 하얀 속껍질 같은 부스럼이 붙어 나왔다.

하루는 아버지 생일이었다. 아버지가 출근 전에 현관문 앞에 서서 이렇게 말하는 것이다.

"아, 오늘은 진짜 일 가기 싫다."

아버지가 어린 아들 앞에서 그런 말을 하는 것은 결코 쉽지 않았으리라. 나는 마음이 아팠지만 아무 말도 할 수 없었다. 그러던 어느 날, 기적적으로 남한에 있는 누군가와 연락이 닿았다.

나는 간디 모르는데, 걔는 나 안대?

어떤 라디오 방송을 통해 남한에 계신 분이 우리의 사연을 들었고, 우리를 도와주겠다고 먼저 손을 내밀어주신 것이었다. 당시 근무 중 부상을 당한 아버지는 몸져누워계셨고 벌어놓은 돈은 점점 떨어져 가던 우리에게는 이만한 기적이 따로 없었다. 그 덕에 정말 운이 좋고 특별하게, 우리 가족은 베이징에서 인천으로 날아왔다. 어떤 사람들은 몽골, 캄보디아, 베트남 등 여러 타지를 거치며 고생하고 힘겹게 한국에 정착한 반면 비행기를 타고 온 나는, 이런 얘기를 할 때면 다른 북한이탈주민분들께 죄송스러운 마음뿐이다.

한국에 처음 도착했을 때 해방감보다는 긴장과 두려움이 앞섰다. 특히나 공항에서 게이트를 지키고 서 있는 검은 정장 아저씨들은 왜 그렇게 무서워 보였는지 모른다. 그런데 그 무서움이, 단 한 마디 인사말 덕에 순식간에 반가움으로 바뀌었다.

"대한민국에 오신 걸 환영합니다."

고향을 떠나 중국에서 생활한 지 어언 3년, 한국어를 듣지 못하는 것에 익숙해지면서도 모국어에 대한 향수는 남아 있었다. 그런데 이제는 아무렇지 않게 여기저기서 사람들이 한국말로 대화하는 소리가 들려오고, 심지어 내게 환영한다고 한국말로 말해주는 사람도 있는 것이다!

하지만 한국에 와서 무엇보다 즐거웠던 것은 학교에 갈 수 있다는 점이었다. 이제부터 남한 친구들을 사귄다는 생각에 나는 가슴이 두근거렸다. 이윽고 부푼 마음을 안고 등교한 첫날, 선생님께서 짝꿍을 정해주셨다. 눈이 똘망똘망한 여자아이였는데 내가 북한에서 왔다고 하니 호기심 어린 눈빛으로 이것저것 물어보기 시작했다.

"너 짱구 알아?"

"아니, 몰라."

그러자 그는 나를 신기하다는 눈으로 쳐다보며 으응, 하고 말았다. 그러다 며칠 뒤, 친구가 나에게 또 질문을 했다.

"간디 알아?"

처음 듣는 단어였다. 하지만 왠지 모르게 사람 이름 같은 뉘앙스를 풍겼다. 게다가 저번에 짱구도 모른다고 했는데, 이번에도 또 모른다고 하면 무시당할 것만 같았다. 그래서 이렇게 말했다.

"음, 잘 몰라. 그런데 그 친구는 혹시 나 안대?"

나는 그를 몰라도 그는 나를 알 수도 있지 않은가. 그런데 내게 질문했던 짝꿍은 그 뒤로 몇 개월이 지나고 반이 바뀔 때까지 내게 말을 걸지 않았다. 그래서 내 딴에는 그냥 이렇게 생각했다. '아, 쟤는 말을 걸면 스트레스를 받는 사람이구나. 그러니 나도 괜히 건드리지 말아야겠다.' 그렇게 몇 년을 지냈다, 간디가 누구인지도 모르고.

1%의 재능과 99%의 노력으로 쌓아 올린 우정

북한에 있을 때에도 동네에서 한가락 했던 나는 남한에 와서도 마찬가지였다. 팔도 짧고 손도 작지만 이래 봬도 통뼈인데다 힘깨나 쓴다. 그런 나를 눈여겨봤는지, 하루는 학교에서 제일 힘이 센 친구가 내게 팔씨름 시합을 걸어왔다. 나는 손가락을 딱 3개 내밀며 말했다.

"이거 넘기면 인정해주마."

장군은 검을 빼지 않고도 이길 줄 안다고 했다. 나는 세 손가락으로 그 학교를 평정했다. 키가 190cm 가까이 되는 학교 '일짱[5]'을 이기니 다른 아이들도 나를 함부로 대하지는 않았다.

그런데 함부로 대하지 않는 정도가 아니라, 갈수록 아이들이 나를 은근하게 따돌리는 것이 느껴졌다. 북한에서 왔다고 하니 엄청난 관심을 보이던 처음과는 상반된 태도였다. 당시 내 말투가 달랐던 탓도 있겠지만 얼마 전 졸업사진을 찾아보니 같은 반 아이들보다 한두 살 많았던 나는 머리도 길고, 수염도 거뭇거뭇하고, 내가 봐도 어딘가 거리감 들게 생겼긴 하더라.

그렇지만서도, 다른 탈북민 친구들이나 형들을 보면 대안학교에 가서 공부도 하고 연애도 하는데! 일반 학교에 다니던 나는 같이 다니는 친구 하나 없는 것이 자존심 상했다. 북한에서도, 중국에서도 학교생활을 거의 못 했는데 막상 한국에 와서도 친구들과 잘 못 지내니 동떨어진 기분이 드는 것이다.

방법은 하나였다. 내가 게임을 못 하면 게임을 잘하도록 노력하고 축구를 못 하면 축구를 잘하도록 노력해서 친구들이 나를 좋아하게 만들자고 결심했다. 당시 한창 유행이었던 스타크래프트를 처음 시작할 땐 저글링도 한 마리 못 잡던 내가 몇 달 뒤 우리 학교에서 게임을 가장 잘하는 학생이 되어 있었다. 축구도 처음엔 골키퍼로 시작해 나중엔 시합 중 골을 여러 번 넣는 승리의 주역이 되었다. 그러자 결과

---

5 그 모임이나 무리의 대장.

는? 친구들이 하나둘씩 자연스럽게 축구하거나 PC방 갈 때 나를 먼저 부르기 시작했다.

그때 그렇게 사귄 친구들 중 절반은 북한 사람, 절반은 남한사람이었다. 하루는 내 생일파티 때 우리 집에 모두 불러 모은 적도 있다. 제각기 말투는 달라도 야 야하며 친해지고, 맛있는 배달 음식을 나누어 먹고, 썸을 타는 친구들도 생겨나는 걸 보며 이런 생각이 들었다. 통일이 특별한 것일까, 너 나 할 것 없이 어울리던 그 모습이 바로 통일된 미래의 한 장면 아닐까.

전 세계 누구나 오장육부는 똑같단다

고등학교를 마치고 대학에서 경영학을 공부한 나는 한 스타트업에서 영업직으로 일을 시작했다. 업무강도는 높았지만 내 고향 이야기를 들은 직장 선배들은 나를 특히 더 챙겨주셨고, 나도 이제 다른 남한사람들과 다를 바 없이 열정 넘치는 사회초년생으로서 한국사회에 발을 딛기 시작하나 보다 싶었다. 하지만 불과 몇 달 후, 나는 일을 그만둘 수밖에 없었다.

어느 날 아침에 눈을 떴는데 갑자기 다리가 너무 아픈 것이었다. 전에 축구를 하다 발목을 삔 적이 있는데 그때의 100배 정도 되는 고통이었다. 병원을 가보니 통풍[6]이라더라.

---

6 팔다리 관절에 심한 염증이 되풀이되어 생기는 유전성 대사 이상 질환.

게다가 복합부위통증증후군[7]까지 겹쳐 아예 일을 못 하는 상황이 닥쳤다. 갑작스럽게 사직서를 낼 수밖에 없었고, 오래간 일을 쉬면서 빚이 생겼다.

그 후로는 한동안 쉬다가 아르바이트를 전전하며 새로운 일자리를 고민했다. 사람 만나고 대화하는 것을 좋아하던 나는 그 말재주와 친화력을 살려 일하고 싶었고, 건강이 조금 나아진 뒤에는 지인의 추천으로 교육계 일자리를 얻어 중고등학생들을 대상으로 수업을 하기 시작했다.

그런데 남한 학생들을 만나 얘기를 해보면, 이 친구들이 북한에 대한 관심은 많은데 정보가 너무 없다는 것이 느껴졌다. 하루는 이런 질문을 받았다.

"선생님, 북한에선 배고프면 흙 먹어요?"

터무니없이 황당한 질문이었는데 그 친구는 너무도 천진난만한 표정이었다. 나는 이렇게 답했다.

"얘야, 넌 배고프면 흙을 먹니. 전 세계 어떤 사람도 오장육부는 똑같단다."

그렇게 매일같이 질문 세례를 쏟아내던 학생들이, 어느 날 내게 유튜브를 해보라 권했다. 선생님은 말도 재밌게 하는 데다 북한에서 왔으니 콘텐츠도 풍부할 것이라며. 나는 북한 전문가는 아니더라도 적어도 내가 살았던 공간에 대해 아는 만큼은 사람들에게 얘기해줄 수 있겠다는 생각이 들었다. 그렇게 유튜브를 시작하게 되었다.

---

7 의학 다친 후에 장기적으로 이어지는 통증. 의학적 예상치보다 그 정도가 매우 심한 경우를 말한다.

북한남자 탱고입니다

멋모르고 시작한 유튜브 진출의 첫 난관은 인터넷 사용이었다. 나는 옛날에 싸이월드의 도토리가 뭔지도 겨우 공부했고, 페이스북이나 인스타그램 같은 SNS는 일절 하지 않았는데 갑자기 몇 단계 점프해 유튜브의 세계로 들어선 것이었다. 게다가 유튜브는 미국 회사이다 보니 설명은 죄다 영어지, 카메라에 대고 말하다 실수하면 처음부터 다시 찍어야 하지, 초창기 겪은 어려움들을 나열하자면 사나흘 밤은 새야 할 것이다! 하지만 헌병에게 맞아가며 강냉이를 사수하고, 손가락 3개로 남한학교를 평정했던 내가 언제까지 벌벌 떨기만 할 것이더냐. 굳은 결심과 용기로 '북한남자 탱고'를 개설한 지 이제 3년 차, 감사한 응원과 지지를 받으며 어느 정도 안정기로 접어들었다.

첫 번째 영상은 꼬마 과제[8]에 관한 콘텐츠였다. 어릴 적 주어진 꼬마과제 중 하나는 '쥐꼬리 과제'였다. 한때 북한에 쥐가 갑자기 많아져서 곡식을 훔쳐 먹던 적이 있었다. 이걸 어떻게 해결할까 고민하던 정부는 학생들에게 쥐를 잡는 방학 숙제를 내준 것이다. 유해 동물을 잡아서 곡식을 지키고 나라에 기여한다는 의미였고, 쥐를 통째로 잡아 올 수는 없으니 꼬리를 몇 개 잘라서 제출했기 때문에 '쥐꼬리 과제'라 불렀다. 좋아하는 동무를 대신해 쥐를 잡다 그 친구에게

---

8 방학 숙제를 일컫는 북한 단어.

수줍게 건네주었다는 말을 들으면, 남한 사람들은 기절초풍할지도 모르겠다. 하지만 어린 시절의 풋풋한 로맨스란 것이, 쥐꼬리 속이든 어디든 깃들지 않을 수 있겠는가!

유튜브를 하다 보면 악성 댓글들이 많이 달린다. 얼굴, 몸매 지적부터 시작해서 가족들 욕까지 온갖 비난을 듣는다. 반면 '덕분에 하나 배워갑니다', '동네 형 같고 좋아요' 등의 격려 댓글을 달아주시는 분들도 많다. 그럴 때면 나 또한 친구 한 명을 얻은 느낌이 들고, 하루하루의 기록에 더욱 정성을 기울여야겠다는 생각이 든다. 또 처음에는 내 영상들을 싫어하다가 나중에는 팬이 되어 좋아요를 누르고 응원해주시는 분들도 있다. 나는 그럼 축 우울해져 있다가도 그런 분들 덕에 다음 영상을 촬영할 힘이 생긴다. 감사한 구독자분들에게 항상 즐겁고 유익한 콘텐츠로 보답하는 것이 내 일이라고 생각한다.

평범한 것이 가장 어렵다지만

유튜브를 하면서 전달하고 싶은 '메시지'가 무엇인가에 대한 질문을 많이 받는다. 하지만 내 목표는 거창하지 않다. 지금도 메일을 통해 북한에 관한 사소한 질문들을 여럿 받는다. 북한에서도 급식 먹어요, 학교 수업 끝나면 청소하나요 등등. 그런 작은 문화들을 소개하고 싶다. 아무리 흔한 일상도 사람들이 궁금해한다면 그 궁금증을 풀어주는 것이 나의 목표다.

삼만 오천 탈북민의 일원으로서 나 또한 당연히 통일을 바라지만, 내게 통일이라는 단어는 아직은 다소 막연하게 다가오는 것 같다. 그보다도 나는 북한이 더 이상 핵실험을 하지 않았으면 좋겠고, 남북 교류가 활발해졌으면 좋겠고, 그래서 북한에서도 누구든지 아프면 병원에 가고 하루에 한 끼는 제대로 먹을 수 있는 사회가 왔으면 좋겠다. 나는 통일을 위해 거창한 기여할 수 있는 직업을 갖고 있진 않지만 북한의 이야기를 최대한 많은 사람에게 알리고 싶다. 그러다 보면 남한에서뿐만 아니라 세계적으로도 북한에 대한 관심이 높아지고, 통일이 오는 그날을 하루라도 앞당길 수 있지 않을까 생각한다.

개인적인 바람도 따로 있다. 사실 북한에 있을 때 나는 꿈이 없었다. 굳이 말하자면 맛있는 음식 배불리 먹는 것이 꿈이었다. 한국에 처음 왔을 때도 가장 부러웠던 것은 '평범함'이었다.

'회사원'

나중에 생활기록부를 찾아보니 나는 장래희망란에 이렇게 적어 놨더라. 남한에 온 지 일 년 만에 아버지가 세상을 떠나신 빈자리가 컸던 탓일까. 운동회나 졸업식 날 친구들은 부모님은 물론 할머니, 할아버지까지 대가족이 축하해주러 오는데 나는 어머니 홀로 동생을 데리고 오시는 것이 그렇게도 쓸쓸했다. 나도 아버지가 있었더라면, 우리 가족도 저들처럼 평범하게 하하호호 할 수 있었더라면.

그래서 학창 시절 나의 꿈은 평범하게 회사 다니면서 사랑하는 아내와 아이들과 알콩달콩하게 사는 것이었고 그 꿈은 지금도 여전하다. 북한을 알리는 좋은 콘텐츠를 만드는 유튜버가 되고 싶지만 동시에 평범한 가장으로 자리 잡고 싶다.

평범한 것이 제일 어렵다고들 하는데 그래서인지 아직 장가를 못 갔나 보다. 하지만 내게도 언젠가는 사랑하는 사람이 생겨 결혼을 하고, 화목한 가정을 꾸려가는 날이 오지 않을까. 그렇게 된다면 삼겹살이고 감자탕이고 아내가 먹고 싶어 하는 것 원 없이 사주는 남편, 아이들 졸업식 날에는 누구보다 크고 근사한 꽃다발을 선물해 주는 아버지가 되리라.

2장

청진 꼬장떡: 아무도 아무렇지 않은 사회

●

북한 청진시 라남구역 출신으로,
좋아하는 고향음식은 옥수수로 만든 '꼬장떡'이다.
남남북녀 커플로 남한 생활을 시작한 지 14년 차,
현재 서울에서 한 남자의 아내이자 두 아이의 엄마로 살고 있다.
에세이집 『나는 북한댁이다!』를 출판했다.

할머니와 함께 빚은 노란 별

가끔 마트에서 과자 코너를 지나칠 때면 꼬장떡이 생각
난다. 옥수수 가루를 반죽해 만드는 떡으로, 밥을 지을 때
뜨거운 가마솥 가장자리에 반죽을 꾹꾹 눌러 붙여 놓으면
밥이 다 지어질 때쯤 근사한 누룽지 빛의 꼬장떡도 함께 구
워진다. 부엌 가득 퍼지는 구수한 옥수수 향, 설탕과는 다른
사카린 특유의 들큰한 단맛, 한국 과자에 비유하자면 꼬깔콘
을 물에 불려 으깨어 먹는 맛이랄까. 특히나 조금 눌어붙은
노릇노릇한 밑바닥은 어찌나 바삭하던지, 나는 그 바작바작
한 소리와 식감이 좋아 일부러 더 크게 오물거렸다.

할머니는 늘 남은 꼬장떡을 식힌 뒤 작은 쟁반에 담아
거실 한편에 마련해두었다. 그것은 우리가 원할 때면 언제든
먹을 수 있는 훌륭한 간식거리였고, 나와 동생들은 틈이 날

때마다 꼬장떡을 뻥튀기 집어 먹듯이 야금거렸다. 생각해 보면 할머니가 내게 가장 많이 만들어 준 음식도 꼬장떡이다. 할머니는 잘 치댄 반죽 위에 손바닥을 올리고 나머지 부분을 뜯어내는 방식으로 떡 모양을 만들었는데, 그러다 보니 할머니의 다섯 손가락이 옮겨진 떡은 마치 노란 별처럼 보였다. 나와 동생들이 할머니와 함께 꼬장떡을 만들 때면 우리는 다 만들어진 모양새만 보아도 누가 만든 것인지 바로 알 수 있었다. 손바닥이 큰 할머니가 만든 꼬장떡은 큰 별, 손바닥이 작은 나와 동생들이 만든 꼬장떡은 작은 별이었다. 어릴 적 간식을 생각하면 향긋한 송기떡[9]도 먹고 싶고, 부드러운 도토리 빵[10]도 그립다. 그러나 할머니 손 모양의 노란 별들, 그 울퉁불퉁함과 존득함을 떠올릴 때면 나는 가장 좋아하는 간식으로 꼬장떡을 꼽을 수밖에 없다.

청진시 라남구역[11]. 어릴 적 추억들은 모두 그곳에 머물러 있다. 시내와는 조금 떨어진 지역으로 산이 가깝고 봉천강이 흐르던 동네였다. 봄엔 뒷산에서 꺾어온 진달래 줄기를 물과 함께 사기그릇에 정성스레 담아 두었고, 여름엔 날이 저물고 손톱달 떠오를 때까지 봉천강에서 수영을 했다. 살아가며 아름다운 곳들을 더 많이 다녀봐야 알게 되겠지만, 나

---

9 소나무 속껍질로 만든 송기 가루와 멥쌀가루를 버무려 시루에 찐 후 안반(떡판)에 쳐서 만든 떡.

10 도토리 가루를 넣어 구운 빵. 밀가루와 도토리 가루를 적절한 비율로 섞어 만든다.

11 함경북도 청진시에 속하는 구역으로, 라남시가 청진시에 합병되어 라남구역이 되었다.

는 여지껏 그렇게 맑은 강물을 다시 본 적이 없다. 여름날 오후 쨍한 햇볕에 여린 뒷목 끄슬릴 적이면 우리는 별사탕처럼 반짝이는 강물 속에서 멱을 감았고 사다리보다 높다란 바위 위에서 차례로 다이빙을 했다. 추운 겨울엔 또 어떠했는가! 꽁꽁 얼어버린 봉천강은 우리에게 최고의 썰매장이었다. 나와 동생들은 제 몸집만 한 나무 썰매를 끌고 강가로 달려가 헝겊 장갑 낀 두 손을 호호 불어가며, 추위에 발그레해진 양 볼이 까칠까칠해질 때까지 신나게 썰매를 타곤 했다. 온종일 차가운 얼음 바닥 위를 마구 달리고 나면 썰매는 종종 부서졌지만 우리는 걱정 없었다. 망가진 썰매를 보면 혼을 내던 어머니와는 달리, 아버지는 괜찮다며 금세 새로운 썰매를 만들어 주셨기 때문이다. 어릴 적 내가 타던 썰매들 중 아버지의 손길이 닿지 않은 썰매는 하나도 없었다. 아버지는 무언가를 그렇게 뚝딱뚝딱 잘 만들어 주는 사람이었다.

물 건너온 베개빵과 연기 나는 아파트

아버지는 수더분한 성격과는 다르게 배구 코치로 일하셨다. 몸집도 얼마나 큰지, 현관 문지방을 넘을 때면 항상 머리를 삐죽 숙이고선 커다란 발가락부터 슬그머니 내미셨다. 아버지는 전지 훈련을 하러 종종 외국에 다녀오셨고, 오랜만에 집에 돌아오는 그의 양손에는 매번 전에는 보지 못한 진귀한 것들이 한가득이었다. 한번은 처음 보는 모양의 긴 베개 같은 빵을 사 오셨는데 나와 동생들이 그게 귀한 줄도 모르고 허겁지겁 먹는 모습을 보며 아버지는 너털웃음을 지으셨다. 남한에서는 그걸 바게트빵이라고 부르더라.

북한에선 운동선수들이 남들보다 조금 특별한 대우를 받는 것은 맞지만 그렇다고 해서 우리 집이 엄청난 특권을 누린 것은 아니었다. 사실 무엇보다도 중요한 것은 출신 계층이었기 때문이다. 당원이 한 명이라도 있는 힘 있는 집안의 아이들은 원하는 대학을 마음대로 잘 갔다지만, 나의 부모님은 두 분 다 고향이 중국이신데다가 친가 외가 모두 당과는 연고가 없는 평범한 집안에서 태어나셨기에 대학에 진학할 때도, 직장을 얻을 때도 별다른 혜택을 누리지 못하셨다.

그래도 우리 집안은 다른 가정들보다 조금은 넉넉했던 덕에 나름 현대적인 아파트에서 살았다. 어린 시절 가족들과 아파트에서 살았다 하면 남한 사람들은 종종 놀라는데, 북한에도 당연히 아파트가 있다! 하지만 우리가 살았던 아파트는 남한에선 찾아볼 수 없는, 부엌 안쪽에 커다란 아궁이가 위치한 특별한 아파트였다. 같은 세대에 사는 가구들끼리 길게 연결된 아궁이에 다 같이 불을 땠고, 그러면 꼭대기 층에 있는 큰 굴뚝으로부터 연기가 뭉게뭉게 나왔다. 불이 잘 붙지 않으면 나와 동생들은 직접 입으로 후후 바람을 불어 불을 지폈고, 아궁이가 막히면 굳어진 숯덩이를 쇠막대로 쓱쓱 긁어냈다. 가스레인지가 설치된 대다수의 남한 아파트들과는 달리, 우리 집은 옛것과 새것이 조화를 이루는 특별한 아파트였다. 하지만 슬프게도, 굴뚝 있는 집에 살았다고 해서 산타클로스의 방문을 기다린 적은 없었다.

북한엔 크리스마스가 없다고?

처음 남한에 온 그해 겨울, 나는 깜짝 놀랐다. 연말이 다가오자 온 거리가 경쾌한 외국 노래로 가득 차고 건물 곳곳에는 화려하게 장식된 커다란 침엽수들이 자리를 차지하는 것이었다.

"메리 크리스마스!"

나는 그 말을 남한에 와서 처음 들어보았다. 북한에서는 크리스마스가 무엇인지도, 산타 할아버지가 누군지도 몰랐다. 대신 우리도 12월 24일은 김일성의 부인이 태어난 날로서 특별한 명절처럼 기리곤 했다. 김일성, 김정일의 생일도 마찬가지로 북한의 큰 명절들이었다.

나는 매해 그날들이 얼른 돌아오기를 손꼽아 기다렸다. 명절을 맞아 나라에서 모든 어린이에게 사탕이나 과자 따위가 가득 든 봉지를 선물해 주었기 때문이다. 어린 내 모습을 떠올리면 그날 선물 받은 사탕 봉지를 소중하게 양손으로 받쳐 들고선 함박웃음을 짓고 있는 장면이 가장 먼저 그려진다. 그 안은 콩사탕이니, 엿사탕이니, 하나같이 맛있는 것들로만 가득했다. 그걸 한 번에 다 먹고 싶은 나와 동생들의 마음은 져버린 채, 어머니는 사탕 봉지를 장롱 아래에 숨겨두시고선 우리에게 한 개, 두 개씩만 내어주셨다. 아, 그때마다 입 안 속 달콤한 사탕은 왜 그렇게 금세 녹아버리던지.

우리들에게 명절은 간식 선물을 받는 날인 동시에 소년단[12]이 입단하는 날이기도 했다. 어린 소년소녀들이 빨간 넥

타이를 매고 일렬로 서 있는 모습을 아마 텔레비전에서 한 번쯤은 본 적이 있을 것이다. 입단식 날, 소년단 친구들은 긴장된 얼굴을 한 채 나라를 위해 좋은 일꾼이 될 수 있도록 언제든 준비하겠다는 뜻으로 '항상 준비!'를 외치곤 했다.

북한에서의 교육환경이 남한과 많이 다르다는 것은 많이 알려진 사실이다. 어렸을 적 TV에서는 매일같이 오후 다섯 시만 되면 다람쥐와 고슴도치와 승냥이가 나오는 만화가 방영되었다. 다람쥐와 고슴도치가 용감한 정찰병으로 나오고 그들이 합심해서 승냥이를 물리치는 내용이었으니, 말하자면 다람쥐와 고슴도치가 북한과 중국, 승냥이가 미국이었다. 우리는 그걸 따라서 아이들끼리 모여 영리한 친구는 고슴도치, 행동이 잽싼 친구는 다람쥐가 되어 함께 승냥이를 물리치고 나라를 지키는 놀이를 종종 했다.

역사 수업도 남한의 그것과는 다르다. 어릴 적 내가 받은 역사교육은 북한의 지도자들을 찬양하는 내용이 대다수를 차지했다. 김일성 부인이 나라를 구하겠다고, 머리에 크고 무거운 가마솥을 끈으로 매고 달리다가 머리카락이 다 빠졌다는 등의 내용을 배웠는데 다른 사람들이 보기엔 그런 걸 누가 믿을까 비웃겠지만 당시 우리는 그런 역사를 당연시하며 받아들였고, 그 내용들을 아직까지도 줄줄이 읊을 수 있

---

12 조선소년단(朝鮮少年團). 흰색 상의와 붉은색 머플러를 상징으로 하는 북한의 어린이 단체이다. 1946년 6월 6일 창단되었으며 만 7세부터 13세까지의 소년소녀들을 대상으로 한다. 북한 학교에서의 조직활동은 조선소년단에 의해 이루어진다.

을 정도로 배운 것을 철저히 암기했다. 그때는 그게 진실인
줄 알고 열심히 공부했다는 사실을 지금 생각하면 조금 가
슴이 아프다.

우리 학교와는 맞지 않습니다

외가댁 분들이 다 교육자이셨던 만큼 어머니는 자식 교
육에 대한 욕심이 있었고, 특히 장녀인 나에게는 기대가 컸
다. 수영, 서예, 노래 등 할 수 있는 건 다 해보게 하셨다.
한번은 이런 일도 있었다. 우리 동네에서 30분쯤 떨어진 거
리에 정말 우수한 수재들만 다니는 특별한 학교가 있었는데,
어머니는 내가 암기를 곧잘 하는 것을 보고선 영재임이 틀
림없다며 나를 그 학교로 보낸 것이다. 역시 부모 눈에는 제
자식만 보이나 보다. 그러나 수재는커녕, 내가 전학을 간 지
한 달도 되지 않았을 때 담임선생님은 우리 집에다 전화를
거셨다.

"어머님, ○○이는 안 될 것 같습니다…. 우리 학교와는
맞지 않습니다."

결국 나는 조금은 머쓱하게 일반 학교로 돌아왔다. 그렇
다고 해서 공부를 소홀히 한 것은 절대 아니었다. 북한에서
는 학생들에 대한 선생님들의 사명감이 남다른데, 남한에서
는 담임선생님이 매년 바뀌지만 북한에서는 교사 한 명이
한 학급을 초등학교 6년 동안 쭉 맡는다. 제자들의 모든 가
능성을 이끌어낸다는 생각으로 학생들을 집으로 불러다가 따

로 수업도 하고, 조금이라도 재능을 보이는 학생이 있으면 바로 면담을 해서 특별교육을 받을 수 있도록 하셨다. 재능이 우수한 학생들은 선생님의 추천으로 선발된 뒤 구역, 시, 도에서 주최하는 경기에 나가기도 했다. 나도 그 학생들 중 하나였지만 최대로 잘해본 것이 구역 예선에 진출한 것이었다. 아, 서예든 수영이든 하나라도 더 잘해볼 걸. 지금 와서 괜히 아쉬운 마음이 남는다.

고난의 행군, 장사의 길을 걷다

마음 편히 학교 공부를 계속할 수 있었다면 좋았겠지만 삶은 그렇게 평탄하지 않았다. 열네 살 때 아버지가 사고로 돌아가시고, 1994년 고난의 행군[13]이 시작되면서 점점 형편이 어려워지자 이듬해부터 어머니는 교직 생활을 그만두고 집을 팔아 마련한 자금으로 남양[14]에서 장사를 시작하셨다. 남양 시내에 살았던 우리는 생필품들을 시골로 가져가서 식량으로 바꾼 뒤, 그걸 다시 시내로 갖고 와서 팔아 현금을 만드는 식이었다. 장녀인 나는 어머니와 함께 내 몸집만 한 배낭이나 곡식 자루를 등에 지고 여기저기 물건을 팔러 다녔고, 어머니는 그런 내게 많이 의지하셨다.

그러던 어느 날, 평소보다 많은 식량을 한꺼번에 팔러 청

---

13 1994년 김일성 사망과 연이은 자연재해로 북한이 극도의 경제적 어려움을 겪던 시기를 말한다.

14 한반도의 최북단인 함경북도 온성군 남양시.

진 시내로 나가게 되었다. 다른 때에는 꼭 어머니와 같이 다녔는데 그날은 왜 혼자 장사를 갔는지 모르겠다. 청진에서 모든 식량을 팔고 3천 원이라는 거금을 번 나는, 우리 가족도 이제 제대로 된 집 한 채를 살 수 있겠다는 생각에 뿌듯했다.

남양으로 돌아오는 길, 기차가 끊겨 중간에 무산이라는 곳에서 하룻밤을 새우게 되었다. 돈도 시간도 없으니 어딘가에 제대로 숙박을 한다는 것은 꿈도 꾸지 못했기에 다음날 새벽 기차가 올 때까지 무산역에서 머무를 예정이었다.

'안 자야지, 안 자야지.'

당시 북한은 꽃제비[15]가 한창 극성이라 나는 경계 태세를 갖추며 기차역 한쪽 구석에 누워 몸을 웅크렸다. 그러나 며칠 동안 바쁘게 물건을 팔고 나르며 잠도 제대로 자지 못했던 나는 너무 지쳐 있던 터라 결국 깜빡 잠이 들고 말았다.

그리고 다음 날 새벽, 동이 트고 기차를 타기 위해 앞주머니를 확인했을 때 아뿔싸, 전날 넣어둔 3천 원이 감쪽같이 사라져 있었다! 그때부터 나는 한 3일을 밥도 먹지 않고 그돈을 찾아다녔다. 안전원[16]을 찾아가기도 하고, 길을 가다 모르는 사람 아무나 붙잡고 내 돈 본 적 없냐며 펑펑 울기도 했다. 그 동네 사람 중 나를 모르는 사람은 없을 정도였

---

15 북한에서 일정한 거주지 없이 떠돌며 구걸하는 아이들. 식량난이 심해진 1990년대 중반부터 그 수가 급증했다.
16 한국의 경찰과 같은 역할. 안전원이 속한 안전부에서 직접적인 주민 통제를 맡는다.

다. 결국 돈을 찾지 못하고 청진으로 돌아갔을 때, 어머니는 나의 얘기를 듣고선 까무러치셨다. 멋모르고 잃어버린 3천 원, 전에 살던 집까지 팔아가며 마련한 밑천으로 무리하게 시작한 장사였다. 힘겹게 모아 온 이때까지의 수익을 하룻밤의 실수로 몽땅 잃어버린 것이다. 이 사건으로 우리 집은 완전히 가세가 기울었다. 얼마 뒤 어머니는 돈을 벌어 오겠다면서 옥수수 300kg을 챙겨 두만강을 건너 중국으로 넘어가셨다.

엄마 찾아 두만강 살얼음판으로

처음에는 1년 뒤에 오겠다던 어머니는 3년이 지나도록 돌아오지 않았다. 그해 나는 어머니를 보러 중국에 가기 위해 외삼촌과 함께 처음으로 두만강을 건넜다. 소식을 물어 어머니를 찾아가 보니, 어머니는 어느 날 강도에게 칼을 맞아 한동안 생사를 오가셨고 그 후유증으로 줄곧 앓아누워 계셨던 것이다. 나는 어머니에게 어서 같이 북한으로 돌아가자고, 나라를 배신하면 안 된다고 설득했지만 어머니는 북한에 가지 않겠다며 완강히 버텼다. 그러나 타지에서 봉변을 당하고선 힘없이 누워계신 어머니를 홀로 남겨두고 나 혼자 북한으로 돌아갈 수는 없었다. 그래서 결심했다. 그때부터 나는 어머니와 함께 중국에서 살기로 했다.

문제는 동생들이었다. 동생들을 데려오기 위해 삼촌과 함께 다시 북한으로 갔을 때 둘째는 나와 두 살 차이였지만 막내는 겨우 아홉 살이었다. 결국 막내에겐 어머니 장사를 도와드리러 잠깐만 중국에 갔다 오겠다 하고는 둘째 동생만을 데리고 추운 겨울날 두만강 살얼음판을 건넜다. 그 뒤 막내를 데려오기까지는 5년의 세월이 걸렸다. 그동안 막내는 가족 없이 혼자 끼니도 제대로 챙겨 먹지 못했던 듯하고, 다른 사람들과 함께 탈북을 시도했다가 잡혀간 적도 있었다고 했다. 6년 만에 중국에서 막내를 다시 마주한 날, 너무 말라서 수분기 없는 얼굴로 해맑게 웃던 동생을 보며 나는 가슴이 찢어지는 듯했다. 그러나 우리는 울 시간도 없었고, 허겁지겁 동훈역으로 달려 간신히 잡아탄 열차와 함께 우여곡절 끝에 선양[17]에 있는 우리 집에 도착했다.

막내를 데려오기까지 중국에서 버텼던 5년은 외로움의 시간이었다. 화장품을 사러 가도 중국말을 모르니 이게 얼굴에 바르는 것이 맞는지 손짓, 발짓으로 물어보았을 때 점원이 건성으로 고개를 끄덕였는데, 그건 한참 뒤에 알고 보니 향수더라. 또 둘째와 함께 중국에 위치한 신라면 공장에서 일을 할 때 우리가 중국어를 잘 못한다는 이유로 공장에서 뭐라도 없어지면 사람들은 모두 우리를 의심했다. 한국회사라 한국말을 할 줄 아는 매니저분이 우리를 위해 특별히 얻어준 직장이었지만 불미스러운 일을 겪고 난 후 새로운 직장을 찾아다녀야 했고, 그러다 또 의심을 받으면 제대로 해명도 할 수 없으니 또 다른 직장으로 이전하는 것을 반복했다. 내일이라도 당장 해고될지 누군가에게 잡혀갈지 모르는

---

17 중국 둥베이지방 랴오닝 성의 성도.

두려움과 불안에 떨고 살았지만 그건 나뿐만 아니라 중국에 살았던 탈북민들 모두에게 마찬가지였다. 그런 불안감은 한순간에 몰려오거나 쉽게 사라지는 종류의 것이 아닌, 오랜 시간 꾸준히 쌓여 가 일상과 구분되지 않는 불안감이었다. 불안은 어느 순간부터 늘 공기 중에 있는 꿉꿉한 습도처럼 그저 그런 것이 되었는데, 당시의 나는 아무렇지 않았으나 돌이켜보면 그때의 나는 많이 아팠었다.

MSN에서 만난 남자랑 결혼까지?!

한번은 어떤 의류 회사에서 의류 부자재를 관리하는 일을 맡게 되었다. 물건관리를 담당하는 업무이다 보니 처음으로 컴퓨터를 배우게 되었다. 그러던 어느 날 친구가 요즘 남한에서 유행하는 인터넷 사이트라며 'MSN'를 소개해주었다. 그때 어쩌다 얼굴도 모르는 한국 남자와 회사 사무실에서 채팅을 시작했는데 그 남자는 지금 나의 남편이자 내가 남한에 오게 된 계기가 되었다. 내가 중국에서 일한다는 말은 했지만 북한 출신이라는 점을 굳이 알리진 않았다. 처음부터 연애 감정이 있었다기보단 우리는 매일같이 전화나 이메일로 일상적인 이야기를 나누는 것이 행복했고, 퇴근한 그가 기숙사에 들어가서 제일 먼저 하는 일은 당시 유행하던 웹캠으로 내 얼굴을 보는 것이었다. 국제전화비가 한 달에 60만 원이 나온 적도 있다는 것은 나중에 한국에 와서야 남편에게 들은 이야기였다. 그러다 어느 날, 연락한 지 2년 반 정도 지났을 즈음 그는 내게 아무렇지 않게 청혼했다.

"우리 결혼할래?"

'미쳤나봐, 무슨 결혼이야!' 속으로 나는 생각했다.

당시 나는 신분증도 가짜여서 결혼을 하거나 외국으로 나간다는 것은 꿈도 못 꿀 일이었으며, 하물며 인터넷으로 만난 남자와 결혼한다는 것은 소설 속에서도 듣지 못한 얘기였다. 그러나 그에게 상처를 주긴 싫어서 한국으로 가기엔 서류 절차가 너무 복잡하고 돈도 많이 든다는 식으로 돌려 말했다.

"돈이 얼마나 필요한데?"

"어…. 한 800만 원 정도."

중국에서 8은 복된 숫자여서 나는 아무 생각 없이 800만 원이라 둘러댔다. 그런데 세상에, 남편은 내 은행 계좌를 물어보더니 그 돈을 정말로 보내준 것이다. 그때는 10년 전이었으니 중국에선 집 한 채도 살 수 있는 돈이었다. 이런 사람이라면 진실한 사람이겠지, 싶어 나는 덜컥 프러포즈를 받아들였다. 여권을 만들러 경찰서에 가는 것만으로도 당장 체포될 수 있는 위험한 상황이었는데 무슨 용기였는지 모른다. 그때 나는 한국에 오고 싶다는 마음도 컸으나 무엇보다도 그냥 이 사람과 서로 의지하면서 같이 살아가고 싶은 마음이 너무도 간절했다.

중국에서 여권을 만들 때도 신분을 들킬까 조마조마했고, 한국에서 비자를 받을 때도 위장 결혼이 아니냐며 의심을 받았지만 결국 무사히 남한행 비행기를 탈 수 있었다. 그리고 인천공항에 내려 처음 한국에 발을 내디뎠을 때, 드디어 도망치며 살지 않아도 된다는 그 해방감, 그렇게 간절했던 자유의 첫 느낌은 잊을 수 없다. 그때는 그렇게 힘들게 건너온 한국인데, 막상 와서는 목숨 바쳐 잘살고 있나 생각해 보며 가끔 웃기도 한다.

조금 놀랄 수 있는 얘기지만 한국에 와서도 얼마간은 남편에게 내가 북한에서 왔다는 사실을 숨겼다. 남편의 직업이 군인이기 때문에 간첩이라 오해받을까 두려웠을뿐더러, 중국에 살 때부터 신분을 숨기고 다니는 삶이 습관처럼 배였기 때문이다. 그러나 북한 역사에 관한 얘기가 나올 때마다 천진난만한 얼굴로 내가 아는 것과는 너무 다른 얘기를 하는 남편 앞에서 아무렇지 않게 있기엔 답답했고, 언제까지고 이렇게 살 수는 없겠다는 생각이 들었다. 두려움과 답답함 사이에서 오랜 시간 갈등하다 보니 말 못 할 괴로움이 쌓였고, 결국 외로웠던 고민 끝에 남편에게 털어놓았다.

"나 사실 북한에서 왔어."

남편은 처음에는 장난치지 말라며 짐짓 믿지 못했지만, 내가 어렸을 적부터 겪었던 일들을 하나씩 얘기해주자 진지한 표정으로 들어주었다. 그러고선 괜찮다며, 숨기지 않아도 된다고 안아주었다. 남편 덕분에 나는 남한에서 조금 더 자연스럽고 조금 더 당당한 사람으로 살아올 수 있었던 것 같다. 고마운 사람이다. 나는 남편에게 고마운 일이 너무 많아서 사랑한다는 말보다도 고맙다는 말을 더 많이 하고 산 것 같다.

나는 북한 댁이다!

이제 내게 남은 과제는 아들에게 내 고향 얘기를 해주는 일뿐이다. 아들이 태어났을 때부터 "엄마는 북한 사람이야." 라고 세뇌를 시킬 수도 없는 일이었고, 특히 아들이 점점 커가는 요즘, 엄마가 자란 세상과는 완전히 다른 세상에서 살고 있는 아이에게 북한에 대해서 어떻게 설명해야 할지 줄곧 고민된다.

"엄마는 한국 사람이잖아요."

최근 출판해 낸 에세이집 『나는 북한댁이다!』의 제목을 보고 아들이 의아해하며 내게 한 말이다. 그런 아들에게, 나 하나 감정에 솔직하고 싶다고 섣불리 고백해 상처를 주고 싶진 않았다. 나중에 아이가 엄마의 이야기를 받아들일 수 있는 감정적 여유가 갖춰지면 그때 이야기를 꺼내고 싶다. 그래서 요즘도 많이 고민하는 중이고, 그날이 오기를 아직은 기다리고 있다. 그러려면 나에게도, 아들에게도 용기가 필요한 것 같다. 아들이 탈북민들을 다른 사람들보다도 조금은 더 고운 시선으로 바라보고 공감해주는 사람이 되었으면 좋겠고, 그러기 위해선 나 또한 엄마로서 아들에게 어떻게 더 나은 방식으로 다가갈 수 있을지 많이 노력해야 할 부분이다.

나는 다른 탈북민들에 비해서는 하나원[18]에 늦게 간 편이

---

18 북한이탈주민정착지원사무소. 북한이탈주민이 대한민국에 입국하면 조사를 마친 후 입소하게 되는 통일부 소속 기관으로, 이곳에서 사회적응 교육을 실시한다.

다. 이전에는 한 번도 탈북민들과 어울려본 적 없다가 뒤늦게 하나원에 가서 고향 사람들을 여럿 만났는데, 그때 놀란 것은 나와 태어난 환경과 가정만 다를 뿐 사정이 비슷한 사람들이 이렇게나 많다는 것이었다. 나는 그들에게 말하고 싶다. 내가 그러듯이, 어딜 가든 탈북민이라는 것을 숨기지 않고 당당하게 그냥 "내 고향은 북한이에요."라고 말할 수 있었으면 좋겠다. 『나는 북한댁이다!』의 제목을 지을 때도 그런 마음으로 지었다. 또 더 나중에는, 누가 고향을 물었을 때 "청진에서 왔어요."라고, 구체적인 지명까지도 얘기할 수 있을 날이 오면 좋겠다. 그리고 그 말을 들은 남한 사람들은 "청진이라 하면, 함경북도 청진?"이냐며, 아무렇지 않다는 듯이 되묻는 사회가 되었으면 좋겠다.

아무도, 아무렇지 않은 사회. 나는 우리가 사는 세상이 그런 세상이었으면 좋겠다.

3장

구장 남새:
반전에 반전을 거듭하는 인생 드라마

◉

평안북도 구장군 출신으로,
한국에 계신 어머니를 찾아 여러 차례 실패를 거듭하며 탈북했다.
2006년 남한 정착 이후, 주방 설거지부터 원양어업까지 안 해본 일이 없다.
현재는 오카리나 연주 실력을 살려 유튜브 채널을 운영 중이다.
남한에서는 '남새'라는 말을 거의 쓰지 않는다는 것을 알고
충격에 빠진 적이 있다.

남새를 남새라 하지 못하고

"아주마니, 이 남새 좀 주십시오."

"네?"

남한에서 처음으로 시장에 간 날이었다. 설렘 반 두려움
반, 야심 찬 얼굴로 가게에 들어선 내가 아무리 천천히 또박
또박 말해도 사장님은 못 알아들으시는 같았다. 남.새.요,
남.새! 하지만 사장님의 어리둥절한 표정은 가시지 않았고,
어쩔 수 없이 집에 돌아온 나는 어머니께 물었다.

"아니, 오마니, 장마당에서 남새 좀 달라는데 와 못 알아
듣습니까?"

"남새가 아니라 야채라 해야지. 여긴 남새라는 말 안 쓴다."

야채라니! 충격이었다. 그럼 남새장수가 아니라 야채장수, 남새비빔밥이 아니라 야채비빔밥일까? 한국은 쓰는 말부터가 북한과 다르다는 것을 처음 알게 되었다. 어휘만 다르면 얼마나 좋을까, 사람들은 내 억양을 들을 때면 눈이 휘둥그레졌다. 예를 들어 나의 고향 평안도는 'ㅈ'을 'ㄷ'으로 발음하는 경우가 많은데,

"저기 정거장에 전깃불이 번쩍번쩍한다"라는 문장을,

"더기 덩거당에 던깃불이 번떡번떡한다"라고 말하면 아무도 못 알아듣는 것이다.

아, 나는 우리가 아무렇지 않게 쓰던 언어의 중요성을 한국에 와서 처음 깨달았다. 초기엔 말이 안 통해 허둥대던 나도 이제는 남한 말에 많이 익숙해졌는지 외려 북한에서 쓰던 단어들을 점차 까먹어간다. 세련된 남한 말에 적응하는 것도 좋지만 가끔은 그런 스스로가 야속하기도 하다. 나른할 때까지 찌는 옥수수밥, 하늘에서 쏟아져 내리는 비꽃[19]과 같이 고향에서 쓰던 참 순하고 고운 말들을 떠올릴 때면, 나는 고향 생각이 나며 어딘가 아득한 기분이 든다.

코아래구멍은 스스로 채우는 쏙쌕골 꼬마들

어린 나이에 중국으로 건너가기 전, 나는 평안북도 청천강 자락의 구장군에서 자랐다. 조그만 동네였지만 구장을 모

---

19 비가 오기 시작할 무렵 성글게 떨어지는 빗방울.

르면 간첩일 정도로 북한 사람들 사이에서는 이름 있는 도시였다. 초등학교 김일성 혁명역사 수업 시간에 배움의 천리길[20]을 배울 때면 꼭 언급되는, 역사적으로 뜻깊은 장소였기 때문이다.

구장의 자랑은 뭐니 뭐니 해도 에메랄드빛 청천강. 사시사철 투명하게 강바닥이 비치는 것은 물론, 운 좋을 때는 1급수에서만 산다는 은어 떼가 팔딱팔딱 춤추며 뛰어노는 맑고 깨끗한 강이었다. 강줄기를 따라 올라가면 나오는 묘향산[21] 근처에는 북한에서 가장 큰 동굴인 용문대굴[22]이 있었다. 얼마나 거대한 동굴인지 그 안에 김일성 생가를 똑같은 크기로 본따 모형을 지어 관광지를 조성해놓았을 정도였고, 샘물에 보랏빛 자수정이 떠다닐 만큼 아름다웠다.

그렇게 아름답던 강물이 여름만 되면 우리를 애먹였다. 구장군 중에서도 내가 살았던 동네의 이름은 '쏙쌕골'이었는데, 이름만 들어도 험할 것 같은 이 동네는 가파른 골짜기, 높다란 바위산 투성이였다. 비가 오면 산사태로 인해 흙탕물이 마을까지 흘러들어와 집들이 다 붕괴될 정도였고, 장마철마다 마을 주민 전체가 양팔 걷어 붙이고 나와 돌담을 쌓고 비닐을 치는 것이 일상이었다.

---

20 1923년 3월16일 김일성(당시 12세)이 '조국광복을 위해서는 조선을 알아야 한다'는 아버지 김형직의 뜻에 따라 만주 팔도구(八道溝)에서 고향인 평양 만경대까지 천 여 리를 14일 동안 걸었다는 길.
21 평안북도와 평안남도에 걸쳐있는 산.
22 평안북도 구장군 용문노동자구에 위치해 있으며, 총 길이가 약 6km인 석회동굴.

먹고살기 힘든 시대였어도 어린 나이엔 모든 것이 행복했다. 몸이 힘들어도 천진하게 동무들과 몰려다니며 갖가지 잡일로 코아래구멍[23]을 메꾸던 때였다. 나무도 하고 버섯도 따고 산 꿀도 캤지만 가장 수입이 짭짤했던 일은 역시나 석탄 줍기. 탄광으로 유명한 구장에서 기찻길은 그야말로 숨겨진 노다지였다. 석탄을 싣고 가던 기차들이 석탄 부스러기를 흘리고 가면 우리는 그것들을 냉큼 주웠고, 그렇게 100kg, 200kg씩 무거워진 수레를 끌고 다시 10리 밖으로 가져가서 내다 팔면 그 돈으로 쌀도 사고 강냉이도 사고 부산물도 살 수 있었다.

외할머니의 희생이 아니었더라면

97년도까지만 해도 우리 집은 부유하게 살았다고 한다. 외할아버지는 구장군 초급당비서라고, 남한으로 따지면 시장급 정도 되는 고위 간부직에 계셨고 아버지 또한 북한에서 금이 가장 많이 나는 지역인 회창군[24]에서 금을 관리하는 고위 간부직이셨다. 하지만 김일성 서거 후 김정일의 시대가 오면서 정권이 확 바뀌었고, 억울하게 누명을 쓴 외할아버지가 먼 섬으로 추방당하며 가세가 기울기 시작했다.

7남매 중 맏딸이었던 어머니는 식구들을 먹여 살리기 위

---

23 입을 의미하는 북한 은어.
24 평안남도 동남부에 있는 군.

해 대담한 장사들을 벌이셨다. 당시 갓난아기였던 나는 잘 기억나지 않지만, 여자 군복을 몰래 빌려 입고선 신분증을 위조한 뒤 빵통[25]을 타고 중국까지 가서 참나무나 금을 파셨다고 들었다. 어머니는 그때부터 탈북을 고민했다고 한다. 중국 사회와 비교해 북한의 경제적 상황의 심각성을 확연히 느끼셨던 것이다. 결국 마음을 굳힌 어머니는 중국에서 새롭게 시작하자며 외갓집 식구들을 설득하셨고, 어린 내 손을 잡고 가족들과 함께 압록강을 건넜다.

중국으로 탈출한 지 3개월 차, 북한인을 신고하면 많은 포상금을 준다는 말을 듣고 어떤 중국 사람이 우리를 신고하는 바람에 온 가족이 경찰서로 잡혀갔다. 당시 외삼촌들은 다른 곳에 구류되어 있고 나는 엄마, 이모, 외할머니와 한 방에서 조사를 받고 있었다. 그때였다. 우리와 함께 있던 경찰이 한두 명 뿐이었는데, 외할머니께서 갑자기 그 경찰 두 명을 온몸으로 막으며 빨리 나가라고, 너네들이라도 살라고 외치셨다. 놀란 엄마는 이모와 나의 손을 잡고 경찰서 밖으로 뛰었고 우리는 무작정 교회로 들어갔다. 중국 법적으로 교회는 경찰도 영장이 없으면 함부로 못 들어간다는 말을 들은 적 있었기 때문이다. 덕분에 우리는 살 수 있었지만, 나머지 가족들은 모두 북한으로 끌려가 정치범 수용소에서 생을 마감했다는 비보를 전해 들었다. 그때 외할머니의 희생이 아니었더라면, 현재 남한에서의 삶을 나는 꿈도 못 꾸었을 것이다.

---

25 '화물 열차'를 의미하는 북한어.

나는 북조선 사람이 아닙니다

중국에서 우리는 100평 짜리 아파트에 살 정도로 부족함이 없었다. 어머니의 장사수완이 좋았던 덕이다. 하지만 일이 바쁘다 보니 어머니 얼굴 보는 날이 드물었고, 어머니는 멀리 장삿길을 떠나면 3~4달씩 집을 비우시는 일이 비일비재했다. 그러던 어느 날, 내가 다니던 중국 초등학교의 교장실로 전화가 왔다.

"아들, 엄마는 지금 한국이야."

가슴이 철렁했다. 멀리 장사를 나가신 줄로만 알았던 어머니는 이모와 함께 몽골을 통해 한국으로 가신 것이었다. 이후 나는 중국 곳곳을 돌아다니며 한국으로 갈 수 있는 방도를 찾기 시작했다. 상하이, 광저우, 연길, 하얼빈, 베이징 등 한국대사관이 있는 곳이라면 어디든 찾아갔지만 보안은 철저했고, 번번이 실패했다. 남은 경로는 한 가지였다. 어머니가 택하셨던, 가장 위험한 몽골 경유 루트였다. 나는 북한 사람 7명과 함께 몇만 볼트의 전기가 흐르는 철조망 14개를 펜치로 끊어가며 몽골 국경을 넘기로 결심했다.

무사히 내몽골에 도착 후, 우리는 호텔에 들어가서 짐을 풀고 식당에서 밥을 먹었다. 다시 호텔에 들어갈 때, 어떤 트럭이 오더니 영화에서나 나올 법한 검은색 군복으로 무장한 군인들이 내려서는 호텔을 에워싸기 시작했다.

'응, 저게 뭘까?'

지금 생각해 보아도 어이가 없다. 너무도 순진했던 나는 아무런 의심도 없이 군인들을 제치고 호텔로 휘적휘적 들어간 것이다!

똑똑똑.

10분쯤 흘렀을까, 이제 눈을 좀 붙이려는데 누군가 문을 두드렸다. 문을 열어 보니 무시무시한 눈빛의 군인들이 서 있었다. 우리는 속수무책으로 경찰서로 끌려가 국경 지역에 있는 감옥에서 조사받았다. 당시 중국 말을 잘했던 나는 죽어도 북조선 사람이 아니라고, 장사 떠난 지 오래된 엄마가 보고 싶어서 여기 오면 엄마를 찾을 수 있다길래 아무것도 모르고 따라온 것이라고 우겼지만, 함께 있던 사람들이 모든 것을 일러바쳤다. 나는 어쩔 수 없이 다른 사람들과 함께 단동[26] 감옥을 거쳐 북한으로 호송되었다.

영문도 모르고 찍은 영정사진

보위부 지하 감옥은 끔찍했다. 어머니가 보내주신 비싼 옷가지부터 주머니에 있던 현금까지 모두 빼앗긴 것은 물론, 감옥에 들어서자마자 소름이 돋았다. 여기저기서 쇠를 깎는 듯한 비명 소리가 들려왔기 때문이다. 사슬 족쇄나 물고문은 기본, 북한 군인들은 사람들 성기 속에 손을 집어넣고 그 안에 금이나 달러를 숨겨왔는지 검사했다. 참빗으로 여자들 머리를 박박 빗어서 머리가 한 움큼씩 빠지는 것을 눈앞에서

---

26 북한 신의주 국경 사이 중국 땅.

보았을 때 나는 온몸이 굳어버렸다.

"너네 엄마 남조선에 있지? 말하면 얼른 내보내 줄게."

구둣발로 짓밟으며 심문을 당할 때, 나는 엄마가 전화로 해줬던 말만 계속 떠올리며 침묵을 지켰다. 설사 잡히더라도 남조선이라는 단어는 입 밖에도 내지 말라고, 그 말을 꺼내는 순간 너는 엄마를 죽어서 볼 수 있다고.

그렇게 감옥에서 6개월 넘게 지내던 어느 날, 감옥 소장이 나를 호출했다. 누군가 나를 데리러 오면 보석금을 내고 빨리 내보낼 수라도 있는데, 애는 보호자도 없는 것 같고 아무래도 안 되겠다 싶었던 모양이다.

"야, 찍어."

대뜸 손도장과 발도장을 찍으라길래 시키는 대로 따랐다. 내 얼굴 사진을 찍을 때 왜 찍는 것인지 물어도 아무 말 없었다. 감방으로 돌아오니 사람들이 말해주었다.

"그거 영정사진이야. 너 이제 9.27감옥[27] 가는 거야."

말로만 듣던 9.27감옥, 그곳은 온갖 인권 유린에 먹을 것도 제대로 주지도 않고 굶어 죽으면 시체를 질질 끌고 가서 뒷산에 내다 버리는 곳이었다. 나는 그날 밤새도록 펑펑 울며 기도했다. 살려달라고, 내가 무얼 잘못했냐고, 엄마 보고 싶어 길을 떠난 것이 죄냐고. 그런데 나의 간절한 기도가 하늘에 닿은 것일까, 다음 날 아침 기적이 일어났다.

---

27 어린 꽃제비들을 수용하는 감옥.

무산역 역전동 101반 물망초를 찾아라

이튿날 아침, 눈을 떠보니 처음 보는 할머니가 내 옆에 계셨다. 어머니가 브로커를 통해 수소문해 찾아낸 나의 고모할머니였던 것이다. 그분은 보석금과 함께 보호자 신분으로 찾아와 나를 그날 감옥에서 빼내었다. 철창문을 열고 나오던 그 순간을 나는 평생 못 잊을 것이다. 감옥 문을 여는 순간 바람이 세차게 불었고 온갖 나뭇잎들이 반짝이며 흔들리는데, 마치 내게 고생했다고, 잘 나왔다고 인사해주는 것 같았다. 죽음 코앞까지 갔다가 풀려났다는 안도감과 해방감에 휩싸인 나는, 그 순간 세상 사람 누구보다도 행복했다고 자부할 수 있다. 하지만 그땐 왜 아무 의심조차 못 했을까, 내겐 또 다른 역경이 기다리고 있었다는 것을.

어머니로부터 생활비를 받아낼 요량으로 고모할머니가 나를 인질로 잡아두기 시작한 것이다. 그때부터 고달픈 식모살이가 시작되었다. 새벽 5시에 일어나 온갖 집안일을 하고 가축을 기르며 500평짜리 텃밭을 혼자 가꾸었고, 겨울이면 혼자 1~2톤 되는 배추를 살얼음 낀 청천강 강물로 가져가 일일이 손으로 씻고 김장했다. 남의 가족을 위해 허리가 휘도록 일하는 동안에도, 나는 어머니가 우리 집으로 브로커를 수십 명이나 보냈다는 사실을 몰랐다.

그러던 어느 날 고모할머니와 브로커가 얘기하는 것을 엿듣게 되었다. 심장이 쫄깃했다. 브로커가 손주 어디 갔냐고 물어보는데 할머니는 걔는 지금 학교 가서 없다고 거짓

말을 했다. 나 여기 있다고, 같이 가자고 말하고 싶은데 고모할머니와 그 어른들이 무서워서 나는 아무 말도 하지 못하고 철문 뒤에 숨어만 있었다.

"혹시 손주 오면, 무산역에 있는 역전동 101반 물망초라는 쌀장수를 찾아오라고 해주십시오."

나는 그것만 달달달 외웠다. 무산, 101반, 물망초 쌀장수. 그 뒤로 탈출의 기회만 엿보던 나는 온 가족이 잠든 새벽녘 과감하게 집을 나왔다. 아무것도 없이 맨몸에 셔츠 하나 입고 나온 나는 도로로 다니면 혹여나 눈에 뜨일까 산으로 강으로 무작정 뛰었다. 그러다 우연히 고향으로부터 50km나 떨어져 있는 안주[28] 기차역에 도착했을 때, 무산의 근처인 회령[29]으로 갈 수 있다는 표지판을 보고 차표도 없이 기차에 매달렸다.

표가 없는 것을 승무원들에게 들킬까 봐 나는 열차에 오르는 계단 난간을 붙잡고 열흘간 달렸다. 중간에 한 번 적발된 이후로는 전기가 몇만 볼트 흐르는 기차 대가리에 매달려 감전의 위험을 무릅쓰고 숨어서 열흘을 갔다. 그러나 운이 나쁘게도 회령역에 내리자마자 역무원에게 딱 걸려 버렸다. 그는 무임승차 죄목으로 나를 역무실로 끌고 와, 혼쭐을 내주겠다며 잠깐 기다리라 했다. 그때 내 눈에 창문이 들어왔다. 나는 다른 생각을 할 겨를 없이 무작정 창문 밖으로

---

28 평안남도 안주시에 소재한 개천선의 철도역.
29 함경북도 북부에 위치한 군으로, 서쪽에 무산군이 위치해 있다.

몸을 던졌다.

눈에 보이는 철길 따라 냅다 달리기만 했다. 한참을 달렸을까, 돌부리에 차여 넘어져 버렸다. 다시 일어나 달리려 했는데 도무지 일어날 수 없었다. 열흘 동안 쫄쫄 굶은 탓에 몸에 힘이 하나도 없었던 것이다. 감옥살이도 식모살이도 탈출한 내가 이렇게 허무하게 죽는구나. 정신은 말짱한데 손가락이 움직이지 않았다. 나는 이윽고 정신을 잃었다.

눈을 떠 보니 옆에 어떤 아주머니가 계셨다. 가정집이었다. 일어났냐 물으시며, 남편과 아들들에게는 강냉이밥을 주면서도 내겐 기운을 내야 한다며 입쌀밥[30]을 차려주셨다.

이튿날 아침, 아주머니는 내가 중국으로 갈 것임을 알고는 5천 원을 쥐어 주시며 말했다.

"우리도 없는 살림이라 이것밖에 못 준다, 이거라도 챙겨서 빨리 가라."

북한에서 5천 원은 가장 큰 화폐 단위였다. 처음엔 아무 연고 없는 내게 이렇게 잘해주니, 무슨 속셈인지 의심했던 것이 부끄러워 고개를 들 수 없었다. 만약 통일이 되면 꼭 다시 오겠다고, 나는 그분 앞에 엎드려서 큰절을 하고는 집을 나와 무산 방향으로 뛰었다. 무사히 무산역 대합실에 도착했을 때 나는 가슴이 쿵쾅댔다. 그러나 대합실 문을 여는 순간, 모든 것이 수포로 돌아갔다.

---

30 멥쌀로 지은 밥.

고도의 전략으로 두 번째 가출을 꾀하다

고모할머니가 신고를 해서 보낸 보위부 안전원들이 대합실 안에서 매복하고 있던 것이다. 결국 나는 다시 고모할머니 집으로 끌려갔고, 그 집 아들들에게 무지막지하게 얻어맞은 뒤 전보다 심한 감시하에 두 번째 노예 생활을 시작했다.

1년쯤 흘렀을까, 더 이상 이렇게는 못 살겠다고 느낀 나는 다시 탈출을 결심했다. 이번에는 치밀한 전략을 세웠다. 옆집 아주머니의 입이 가볍다는 것을 알고선 그분께 일부러 거짓 정보를 흘린 것이다.

"아주머니, 저 이제 함경북도로 가출할 건데, 고모할머니 한테는 얘기하지 말아 주세요."

그러고는 바로 기회를 틈타 집을 나와선 평안북도 신의주로 향했다. 그곳에 어머니가 아는 화교 무역상 한 분을 찾아갈 작정이었다. 나는 정확한 길도 주소도 몰랐지만, 옛날에 고모할머니 손을 잡고 한국에 있는 엄마한테 전화를 하러 따라갔던 기억 하나에만 의존하며 신의주 동네를 샅샅이 뒤졌다. 결국 중국 화교장네 집을 발견한 나는 철문 앞에 앉아 그가 나타나기만을 몇 시간이고 기다렸다.

그러나 오랜 기다림 끝에 만난 그는 냉담했다. 당신만 믿고 여기까지 왔으니, 엄마와 전화 한 통만 하게 해달라며 매달리는 나를 내치며 단 1초도 고민하지 않고 거절하는 것이었다. 나는 너무 화가 나서 쪽지를 쓰기 시작했다.

'당신이 우리 어머니와 함께 불법 장사했던 것 다 안다.

내가 그 증거자료들을 모두 취합해서 보위부에 고발하겠다. 당신이 전화를 연결해주지 않으면 나는 어차피 죽은 목숨이다. 너 죽고 나 죽고 어디 한번 해보자.'

그 쪽지를 철창 너머로 던졌다. 꼬마의 협박이 위력 있었던 걸까, 다음 날 철창문이 열렸다. 중국 화교는 지금은 때가 위험하니 조금만 기다리라고 했고, 얼마 후 나는 그토록 그립던 어머니의 목소리를 들을 수 있었다.

어머니는 내가 알던 어머니가 아니었다

어머니가 보내주신 브로커의 도움으로 나는 중국으로 가서 위조 여권을 만들고 단동이라는 지역에서 바로 인천으로 가는 배에 몸을 실었다. 13시간 동안 배를 타고 항구에 내려 '인천항(仁川港)'이라는 표지판을 보았을 때도 나는 또 중국에 있는 어느 지역을 거쳐서 가는가보다 싶었다. 그런데 순간 나의 눈에 경찰들의 유니폼이 들어왔다. 이럴 수가, 그들 어깨에 태극기가 수가 놓여 있던 것이다!

"여기가 어딥네까?"

"대한민국 인천항입니다."

아, 온몸에 소름이 돋았다. 나 드디어 대한민국의 땅에 왔구나. 이제 드디어 엄마를 만날 수 있구나 생각하며 그제야 온몸의 긴장이 풀리며 한시름 놓았다.

북한 사람들은 처음 한국에 오면 보통 국정원에서 한 달을 보낸다. 그런데 나는 정확한 이유를 알려주지 않으면서

두 달을 붙잡아 놓는 것이다. 남들은 먼저 무사통과해 하나원이라는 교육센터로 가는데 억울했던 내가 생떼를 쓰자, 국정원에서는 민간인 최초로 국정원 내부에 들어와 딱 10분만 면회를 할 수 있도록 허가했다. 그건 나와 어머니의 8년 만의 재회였다.

오묘했다. 말로 표현 못 할 기분이었다. 너무 보고 싶었으면서도 원망스럽고 미웠다. 그런데 내가 알던 어머니의 젊은 모습은 온데간데없고 눈가에는 주름이 생긴 모습을 보자 나도 모르게 눈시울이 붉어졌다. 어릴 때 어머니와 함께 찍은 그 사진을 나는 항상 가슴에 품고 살아왔는데 지금 내 눈앞에 서 계신 어머니는 그 모습과 달랐다. 어머니도 나와 같은 심정이었던 모양이다. 아무 말도 하지 못하고 멀찌감치 서서는 그냥 울먹울먹하시더라. 그런데 면회 시간이 곧 끝난다는 것이다. 그제야 눈물샘이 터진 나는, 어머니에게 다가가 야윈 어깨를 끌어안고 펑펑 울었다.

북한 사람들은 피부가 빨갛고 머리에 뿔이 있다던데 너는 왜 안 그래?

국정원 심사를 마치고 하나원으로 이동한 나는 어머니가 한국에 미리 와계셨다는 이유로 5일 만에 조기 퇴소할 수 있었다. 하지만 다른 사람들은 하나원에서 6개월 동안 자격증도 따고 한국 문학도 배우며 적응력을 키워서 사회로 나오는 반면, 나는 한국에 대해 문화적으로나 지리적으로나 아무런 지식이 없었다. 자신 있는 것이라곤 중국 말뿐이던 나는, 중국어 과외로 돈을 벌어 무작정 서울로 올라와 대안학교를 다니기 시작했다.

어느 날, 내가 다니던 학교에 작은 빈티지 가방을 멘 남자가 찾아왔다. 오카리나 공연 봉사를 오신 분이었다. 처음엔 가벼운 마음으로 듣기 시작한 연주였으나 그날 그분이 연주한 '고향의 봄'을 들으며 감옥에서 받았던 고통, 어머니가 보고 싶던 그리움 등등 여러 감정이 가슴 속을 사무쳐 지나갔다. 청명한 음색의 연주가 끝났을 때, 나는 어딘가 치유된 기분이 들었다.

그때부터 나는 오카리나에 푹 빠졌
다. 연주자 분이 학교로 찾아오셔서
음악 시간에 오카리나를 직접 배울
기회도 생겼고, 나는 매주 그 시간
만 기다리며 하루에 다섯 시간씩 연
습했다. 후엔 선생님을 따라 인사동 쌈지
길 등 서울 곳곳에 버스킹도 하러 다닐 정도로 오카리나에 대한 애정이 깊어졌다.

하지만 행복했던 시절은 잠깐, 중학교 검정고시를 마친 뒤 일반고등학교로 진학하며 나의 생활은 180도 바뀌었다. 남들처럼 교복 한 번 입어보는 것이 그렇게 소원이라 일부러 일반학교로 갔건만 로망과 현실은 달랐다. 수업내용이 검정고시로 배웠던 것보다 훨씬 어렵고 진도도 빨랐을 뿐 아니라, 쉬는 시간마다 아이들은 게임 얘기, 연예인 얘기만 하는데 무슨 말인지 하나도 알아들을 수 없었다.

"뭐라고? 뭐라고?"

나는 고등학교 다니는 내내 이 말만 입에 달고 살았다. 말이 빠르면 다시 묻고, 무슨 뜻인지 모르겠으면 다시 묻고. 그런 내게 친구들이 말투가 왜 그러냐 묻자, 당당하게 밝혔다. 나 북한 사람이라고. 그런데 그렇게 말하면 안 되는 거였나 보다. 그 이후 다른 반 친구들까지 몰려와서는 창문 너머로 나를 구경하기 시작했고, 어딜 가든 사람들이 나를 보며 수군거리는 것 같았다. 결국 나는 입학 한 달 만에 자퇴를 택했다.

하지만 더 큰 상처가 나를 기다리고 있었다. 자퇴 후 혼자 학원을 다니며 검정고시를 준비할 때, 하루는 쉬는 시간에 모르는 친구들이 다가와서는 갑자기 내 머리를 매만졌다. 그러고선 당황하는 나를 보며 이렇게 물었다.

"우리 엄마가 그러는데, 북한 사람들은 피부가 빨갛고 머리에 뿔이 달려 있대. 그런데 넌 왜 안 그래?"

이렇게까지 차별당할 줄은 몰랐던 나는, 내 몸속에 마지막 남아있던 자존감마저 빠져나가는 기분이었다. 그때부터 나는 북한 사람이라는 걸 무조건 숨기고, 사람들과 아예 단절하고 살았다. 어머니 또한 장사 때문에 너무 바빴던 때라 늘 혼자 빈집을 지켰다. 고등학교 검정고시를 무사히 통과하고 성인이 될 때까지도 마찬가지였다. 나 자신이 너무 미웠던 나는, 차마 사람들 앞에 나타날 용기가 나지 않았다.

그릇 닦이부터 원양어선까지

'내가 그 고생을 해서 여기까지 왔는데, 왜 이렇게 한심하게 살고 있지?'

그러던 어느 날이었다. 갑자기 정신이 번쩍 들며 평생 이렇게 살 수는 없겠다는 생각이 들었고, 컴퓨터를 켜서 내가 잘하는 것과 하고 싶은 일들을 하나씩 써 내려갔다. 다 써보니 200개가 넘었다. 그때부터 나는 직업 도장 깨기를 하는 심정으로 평생 해본 적 없는 일들에 하나씩 뛰어들었다.

처음엔 요식업이었다. 설거지부터 시작해서 전집, 족발집, 호프집을 거쳐 나중엔 백화점 중식 코너에서 철판요리로 불교까지 하게 되었다. 마이크로소프트 회사의 인턴도 하고, 혼자 책 사서 주식 공부를 하다 망해보기도 했다. 무작정 영농이 하고파 농가에 내려가서 파프리카 농사를 지을 때나 공사장에서 하루 19시간씩 일할 때나 몸이 힘든 것은 매한가지였지만 비교도 안 되게 힘든 일은 따로 있었다. 원양어선, 그곳은 지옥이었다! 기상이 수시로 변하며 예기치 못한 비바람이 내리치는 것은 기본, 파도가 울렁이는 가운데서 중심을 잡으려 해도 몸이 마음대로 움직이지 않았다. 멀미를 절대 안 하는 체질인 나조차 생선이고 뭐고 미치겠더라. 15일 정도 일하고 바로 관두었다. 그때 느꼈다.

아, '공부가 제일 쉬웠어요'라는 말이 진짜였구나.

수많은 직업군을 거쳐 마지막으로 정착한 것이 바로 취미로만 7년을 불어오던 오카리나였다. 처음에는 악기 제조를 배워보고 싶어 우리나라에서 제일 유명한 오카리나 회사에 들어가 스스로 기술을 연마했다. 하지만 원체 사람 만나고 여기저기 구경 다니는 것을 좋아하다 보니 좀 더 활동적으로 일하고 싶었고, 오카리나를 연습해 직접 순회공연을 다니기 시작했다. 행사가 많을 때는 매일같이 16시간을 연습하고 하루에 지방 행사를 5번이나 다니며 공연한 적도 있다. 서울 서대문부터 시작해 청주, 부여, 부산, 그리고 당시 청주로 이동해 공연하는 빡빡한 일정이었다.

몇 년 정도 행사와 봉사를 다니며 연주자로서의 명성이 어느 정도 쌓이고, 매일같이 전국 방방곡곡으로 공연 다니기엔 체력이 부족하던 참이었다. 문득, 이제는 온라인 시장을 공략해봐야겠다는 생각이 들었다. 지금은 21세기고, 나는 젊지 않은가.

마음을 녹이는 오카리나 연주가

그래서 시작한 유튜브 채널이 지금의 '북한청년 김명TV'이다. 자작곡 연주나 초보자용 교습 영상 등 오카리나 관련 콘텐츠들을 주로 올리는 중이며, 10년쯤 후엔 한국인 누구나 내 이름을 들으면 오카리나를 떠올릴 수 있도록 훌륭한 오카리나 연주자가 되는 것이 목표다.

연주 영상과 더불어 틈틈이 업로드하는 것이 바로 북한 관련 콘텐츠들이다. 북한 사람이라는 것도 어떻게 보면 나의 개성이다. 다른 사람들이 겪지 못한 일들이 지금의 나를 만든 것 아닌가. 그런 경험들을 재미있게 풀어내어 남한 사람들이 편안하게 다가갈 수 있는 짧은 다큐멘터리 등의 콘텐츠들을 만들고 싶다. 기회가 된다면 남과 북이 하나될 수 있는 곡들을 연주하는 영상을 제작하고 싶다. 북한에도 김일성, 김정일 찬양가 말고도 신나는 민요들을 비롯해 숨겨진 좋은 음악들이 많이 있다. 그런 노래들을 남한에 있는 멋진 음악가들과 새롭게 재해석해 콜라보 무대를 만든다면 그것이 또 하나의 작은 통일 아닐까.

유희열의 스케치북을 보면 아티스트가 나와 노래도 하고, 음악적인 이야기도 하고, 서로 간의 크고 작은 고민을 털어놓는다. 나도 그처럼, 오카리나로 대중들의 마음을 달래주며 관객과 소통하는 음악가가 되고 싶다. 남한에 정착하며 힘들어하는 친구가 있다면 멘토가 되어 꿈을 키워갈 수 있도록 응원해주고, 북한에 관한 궁금증이 있는 시청자분들과는 이런저런 이야기를 나누고 싶다. 물론 부정적인 시선도 있을 것이다. 하지만 꽁꽁 얼었던 압록강에도 봄날이 찾아오는 것처럼, 개나리도 피고 새싹도 새로 돋아나는 것처럼, 70년간 헤어져 있던 사람들의 마음도 조금씩이나마 천천히 녹아 따뜻한 웃음꽃 피우는 날이 오지 않을까.

4장

평양 냉면:
사계절 내내 단단한 나라가 되는 그날까지

평양에서 태어났으며, 평양외국어학원을 졸업했다.
이후 김일성종합대학 영어영문학과에 진학해 1학년을 마치고 유학을 갔다.
현재는 남한 생활 8년 차,
늘 궁금한 것이 많고 독서와 토론 및 사색을 즐기는 뇌섹남이다.
좋아하는 고향 음식은 그 유명한 평양냉면이다.

평양냉면도 우리 민족이었어

툭툭 끊기는 면발, 감칠맛 나는 육수, 투박한 못난이 놋그릇. '평뽕족', '평뽕지수[31]'라는 말도 생겼듯, 평양냉면은 최근 남한에서도 꾸준히 사랑받는 음식으로 자리 잡았다. 이제는 서울에서도 쉽게 먹을 수 있는 음식이지만 '진짜' 평양냉면은 한국식 평양냉면과 사뭇 다르다.

평양에 있을 적엔 담백한 냉면에 간혹 김치 정도를 곁들여 먹었고, 한국처럼 만두나 불고기를 함께 먹는 문화는 없었다. 또 남한에선 육수도 최대한 밍밍하고 고명도 소박해야 진정한 평양냉면으로 인정받는다고 들었다. 그러나 내가 평

---

31 마약과도 같은 평양냉면에 중독된 정도.

양에서 주로 먹던 냉면들은 마치 갖가지 나물로 밥을 덮은 전주비빔밥처럼 먹음직스러운 고명을 메밀면 위로 산더미처럼 쌓아 올려주곤 했다. 짭짜리한 무절임에 싱싱한 반달오이, 그 위로 부드러운 편육을 네모반듯하게 썰고 명주실처럼 고운 계란 지단을 풍성하게 올린 냉면. 게다가 면이 잠길 정도로 자박하게 담겨 나온 육수 속에는 으레 고춧가루 듬뿍 넣은 다대기가 숨어 있었다. 그걸 국물에 살살 개어내 한 숟갈 크게 떠먹으면, 잘 절인 쪽파 조각들이 아삭하게 씹힐 때마다 입안 가득 시원하게 퍼지던 매콤 새콤한 향은 여름날 무더위를 식히기에 그만이었다.

북한에서는 대표적인 평양냉면 전문점으로 흔히들 '옥류관[32]'을 떠올린다. 문 대통령의 방문으로도 유명한 옥류관은 평양의 가장 대중적인 냉면집으로, 길게 이어진 대동강 기슭 여기저기 자리 잡고 있으며 최대 2천 명까지 수용할 정도로 규모가 크다. 원하는 메뉴를 내 돈 주고 시켜 먹는 시스템이 아니라 정부가 지급한 전표로 모든 국민이 한 번씩 돌아가며 식사하는 국가적인 이벤트성 식당이다. 하지만 내가 가장 좋아하던 냉면집은 따로 있었는데, 그 이름은 바로 '청류관'. 보통강구역[33]에 위치한 청류관은 옥류관과 달리 손님이 직접 돈을 내고 먹는 식이었다. 가격도 꽤 비싸고 계산도 유로로

---

32 평양에 위치한 평양냉면 전문점. 남북정상회담 시에 여러 대통령이 방문했다.
33 보통강은 대동강의 지류로, 평양 중심부에 위치해 있다. 보통강구역에는 흔히 말하는 부유층, 상급 간부들이 많이 살고 있다.

해야 하지만 귀한 꿩고기를 얇게 저민 고명의 그 부드럽고 고소한 맛은 이루 말할 수 없이 일품이었다.

평양냉면 전문점이 즐비하게 늘어선 허름한 을지로 거리를 걷다 보면 지금도 문득 고향 생각에 잠긴다. 동그랗게 뭉쳐 있는 면발을 젓가락으로 조심스레 풀어 양껏 집어 들고선 한입 가득 오물거리다가, 기름이 동동 뜬 시원한 국물로 입가심하고 나면 온 가족 입가가 바셀린을 바른 듯 반들반들 빛나던 것이 떠오른다. 최근 한 배달앱에서는 'ㅇㅇ도 우리 민족이었어'라고 홍보를 하더라. 언젠가 통일이 된다면, 늦은 밤 출출할 때 서울에서도 '진짜' 평양냉면을 배달해 먹을 수 있는 날이 오지 않을까 기대해본다. "평양냉면도 우리 민족이었어."라고 말하며.

회색 도심 속 작은 유럽, 평양

서울에는 한강이 있듯 나의 고향 평양에는 드넓은 대동강 줄기가 끝없이 펼쳐진다. 한 폭의 수채화처럼 자색 모란이 앞다투어 핀 모란봉을 중심으로 그 주변에는 개선청년공원[34]도 자리해 있고, 평양 개선문[35]이나 혁명열사릉[36]과 같은

---

34 평양직할시 모란봉구역에 위치한 놀이공원. 바이킹, 자이로드롭 등이 있다.
35 김일성이 평양에 입성한 후 개선 연설한 것을 기념하기 위해 세운 건축물. 높이 60m, 너비 50m로 세계에서 가장 큰 개선문이다.
36 김일성 일가와 북한 정권 수립 1세대, 즉 김일성과 함께 항일운동을 했던 사람들이 묻힌 북한의 국립묘지이다.

역사적 기념물들도 밀집해 있다. 김일성과 김정일의 초상화가 높게 걸린 원형광장을 중심으로 시가지가 퍼져나가는 평양의 모양새는 흡사 모스크바의 그것과 닮아있고, 실제로 소련 정부가 지어준 모스크바풍 건축물들이 평양에 많이 남아 있다.

한국 사람들은 스크린 너머 시사 뉴스로만 접했을 회백색 거리들이지만, 평양 토박이인 나에겐 어릴 적 추억이 겹겹이 쌓인 익숙한 공간들이다. 김일성 광장 한편에 위치한 유명한 꽃집에서 고민 끝에 고른 노란 프리지어 다발을 안고 기분 좋게 거리를 걸었고, 동유럽풍의 카페 '별무리 찻집'을 찾아가 반짝이는 별 모양의 오색 조명 아래서 저녁을 먹었다. 그러나 광장에서 내가 제일 좋아하던 공간을 꼽으라면 단언컨대 그 커피숍일 것이다. 유독 깔끔하고 현대적인 인테리어를 자랑하던 그 커피숍에 앉아 아메리카노를 마시며 흘뿌연 창문 너머로 거리를 바라볼 때면 나는 이 도시에서 살아온 나의 과거와 현재, 그리고 앞으로 펼쳐질 미래를 그려보곤 했다.

여러 갈래로 흩어지는 일직선의 평양 거리들을 나는 그렇게 매일같이 지나쳤다. 도심에도 나무가 많아 이따금씩 선선한 바람이 부는 서울과는 달리 건물로 빼곡한 평양의 여름은 찌는 듯이 무더웠다. 아스팔트로부터 올라오는 짙은 열기, 빠르게 스쳐가는 인파, 먼지 가득한 골목, 그 속엔 늘 어딘가를 향해 하루하루 바쁘게 걸어가는 어린 시절의 내 모습이 있었다.

영단어만 7만 2천 개

성적이 우수했던 나는 평양외국어학원[37]에서 중고등학교 시절을 보냈다. 외국어학원에 오는 학생들은 상류층 집안 자제들이 대다수였고, 좋은 옷을 입고 맛있는 것을 많이 사 먹었던 터라 주변 학교 학생들의 시샘을 받기도 했다. 한국 대학생들이 학교 마크가 크게 수 놓인 야구점퍼를 맞춰 입듯, 우리도 평양외국어학원의 정식 마크가 새겨진 배지를 왼쪽 가슴에 차고 다니는 것이 어린 마음에는 그렇게도 굉장한 자부심이었다. 버스를 타면 다른 학교 학생들이 수군대는 소리가 들렸고, 우리끼리는 우스갯소리로 아침마다 깨끗이 배지를 닦아야 한다는 농담을 주고받을 정도였다.

자부심이 강했던 데에는 그만한 이유가 있다. 한국의 특목고처럼 평양외국어학원은 수업의 질도 높고 학구적 분위기도 강했다. 우리가 매주 어마무시한 시험들을 치른 것은 당연지사였다. 예컨대 내가 외국어학원시절 1학년부터 6학년까지 외운 단어가 7만 개가 넘는다고 해도 과장이 아닐 것이다. 입학 초기부터 1번, 2번 번호를 매겨서 영단어를 외우던 수첩이 있는데 내가 마지막으로 기억하는 단어의 번호는 7만 2천 번 대의 숫자였다.

---

37 북한에서의 학원은 우리나라의 특목고등학교와 유사한 개념이다. 외국어학원은 외국어 전문 교육기관으로, 특권층 자녀들에게만 입학 자격이 주어지며 그중에서도 시험에 통과한 인재들만이 들어갈 수 있다. 평양외국어학원은 북한에서 가장 유명한 외국어학원이다.

더더욱 끔찍한 점은 매주 단어시험의 범위가 누적된다는 것이었는데, 첫 주에는 오십 개, 둘째 주에는 백 개로 시작한 시험 범위가 1년이 지나자 3~4천 개는 되어서 시험 보는 데에만 반나절이 걸리는 웃지 못할 광경이 펼쳐졌다. 그때를 생각해 보면 정말, 내가 글을 쓰는 건지 글이 나를 쓰는 건지 모르며 시험지에 코를 박고 정신없이 영단어들을 써 내려갔다. 아, 지금은 그 7만여 개의 단어들 중 7천 개라도 기억은 하나 모르겠다. 핑계라 욕하지 말라, 나는 그때의 트라우마 때문에 지금도 영어단어라 하면 지긋지긋하다!

사람 구실 못 할 거면 군대 가라

주어진 과제만 할 뿐 줄곧 건성건성 공부해오던 차, 대학입시가 일 년 정도 남았을 시점이었다. 어느 날 어머니께서 나를 조용히 방으로 불러다 진지한 눈빛으로 말씀하셨다.

"사람 구실 못 할 거면 군대 가라."

당시 나는 농담으로 받아들였던 말인데, 부모님은 실제로 부대 사정이나 입대 날짜 등을 주위에 물어보고 다니고 계셨다. 그 사실을 뒤늦게 발견한 나는 싸늘한 충격에 휩싸였다. 군대에 가면 10년을 버텨야 하는데!

위기감을 느끼자마자 갑자기 열공모드에 돌입했다. 학교에서 영단어 시험을 몇천 개씩 볼 때 나는 매번 900개는 틀린 것 같은데 신기하게도 그중에는 꼭 단 한 개도 틀리지 않는 전교 1, 2등 친구들이 있었다. 어머니는 그들을 우리 집으로 데려와 가정교사를 고용해 나와 함께 공부도 시키고 밥도 먹이면서 집 전체를 철저히 학구적인 분위기로 만들어 놓으셨다(아버지는 어머니 눈치 보느라 집에도 잘 못 들어오시는 지경이었다). 어머니는 우리에게 김일성의 혁명역사나 수천 개의 영단어를 암기하게 시킨 뒤 완벽히 외우기 전까지는 절대로 자리에 못 앉게 하셨고, 밤늦은 시각 책상머리에서 꾸벅꾸벅 졸고 있는 나를 깨워 손전등과 참고서를 두 손에 쥐여준 뒤 집 밖으로 내보내시며 다음과 같이 말씀하셨다.

"다 외우면 들어와라."

전교 1등, 2등 친구에겐 비싼 꽃등심이나 간이 잘 밴 장어구이를 저녁으로 주시면서도 내겐 밥에 깍두기만 내주시는 어머니가 얼마나 야속했는지 모른다. 매일같이 종아리가 붓고 볼살이 쏙 들어갈 정도로 나는 공부했고, 새벽 서너 시쯤 그날 배운 내용을 최종적으로 시험을 보고 나면 나는 그제야 잠이 들 수 있었다. 다음 날 아침 일곱 시, 나는 어김없이 일어나 피곤한 몸을 이끌고 학교로 향했다.

그러나 고진감래라 했던가. 장장 일 년 동안 피눈물을 흘려가며 입시에 매진한 결과 나는 드디어 김일성종합대학에 합격했고, 그날 저녁 싱글벙글 웃는 어머니와 아버지 사이에서 그렇게 좋아하던 LA갈비와 시원한 콜라를 쌓아두고 원 없이 먹을 수 있었다.

나 김대 나온 남자야

평양외국어학원을 졸업한 학생들의 진학 경로는 보통 외국어대학 혹은 김일성종합대학 어문계열 두 가지뿐이다. 외국어대학 학생들은 회화나 글쓰기 등 외국어교육을 전문적으로 받기 때문에 외무성[38]에 주로 취직하는 반면, 김일성종합대학에서는 당 중앙으로 진출하는 학생들이 많기 때문에 언어 교육뿐만 아니라 혁명·사상 교육들이 고루 포함된 커리큘럼으로 강의한다는 차이가 있다. 후자의 경우였던 나는 평양외국어학원 시절의 영어 전공을 살려 김일성종합대학 외국어문학부 영어영문학과에 입학했다.

한국 대학의 나즈막한 캠퍼스와는 달리 김일성종합대학의 외국어문학부 건물은 22층짜리 고층 빌딩이었다. 더욱 충격적인 것은 엘리베이터가 없다는 점이다. 그나마 있던 승강기는 교직원용이었고, 우리는 더운 여름날에도 숨 가쁘게 헉헉대며 계단을 오르내릴 수밖에 없었다. 내가 소속된 영문과 강의실은 3층에 위치해 그나마 양반이었다. 강의를 듣기 위해 6층부터 10층까지를 매시간 오르내려야 했던 문학대학 학생들은 하루하루 지옥을 경험했다. 도서관은 또 하필 10층에 있어서, 선생님들을 제외하고는 아무도 차마 도서관에 갈 엄두를 내지 못했다(절대로 핑계가 아니다). 그러면서도 화창한 날이면 우리는 그 많은 층계를 단숨에 뛰어올라 녹슨 철문

---

38 대외정책이나 대외관계와 관련한 업무를 담당하는 북한의 행정 부처.

을 열고 옥상으로 나갔다. 공평하게 내리쬐는 오후의 햇살과 양 볼을 감싸는 맑은 바람결을 만끽하는 것이 그렇게 기분이 좋았다. 우뚝 선 개선문, 말없이 흐르는 대동강, 그 옆을 지나치는 사람들은 개미보다도 작은 몸집을 하고 어딜 향해 그렇게들 발걸음을 재촉하는 건지. 눈 앞에 펼쳐진 복잡한 평양 시내를 이 높은 고도에서 내려다보고 있노라면 대학 1학년 시절의 우리는 약속이라도 한 듯 어떤 낭만적인 침묵에 사로잡힐 수 밖에 없었다.

불과 1년이라는 짧은 시간을 보낸 대학이지만 어찌 추억이 없겠는가. 한국의 대학생들은 사비로 학식이든 일반식당에서든 각자 점심을 사 먹지만 김일성종합대학에서는 정오쯤 일괄적으로 빵을 공급한다. 달콤한 생크림을 듬뿍 넣은 크림빵일 때도 있었고 큼지막한 소시지가 끼워진 빵일 때도 있었으나 우리 반은 일부러 그 빵들을 먹지 않고 따로 모아서 지방에서 올라온 친구들에게 주었다. 수재들이 모이는 대학인지라 상류층 자제들이 많았고, 우리에겐 그 빵이 꼭 필요하지는 않았던 반면 형편이 여의치 않은 친구들은 빵을 모아 장마당에 나가 팔면 생활비로 요긴히 쓸 수 있기 때문이었다. 대신 우리는 점심시간만 되면 신이 나서 다 같이 짱집[39]으로 삼삼오오 몰려가 백반을 사서 먹었고, 인심 좋은 짱집 아주머니들은 그런 우리를 보고 말없이 웃으며 부족한

39 단층집을 이르는 '땅집'의 발음이 변한 단어. 일반 가정집이지만 끼니때가 되면 학생들에게 식사를 제공해준다.

밑반찬을 이것저것 넉넉히 떠주셨다.

우리 반만의 또 다른 특별한 문화는 바로 생일파티였다. 4월 1일 개강 직후 생일이었던 한 친구가 학급 친구들 스무 명 가량을 모두 집으로 초대해 저녁 식사를 대접했는데, 그것이 이후 우리 반에서 하나의 관습으로 굳어졌던 것이다.

'설마 내 차례까지 오겠어.'

11월 생일이었던 나는 속으로는 안도했으나, 생일파티의 추세가 시들해지기는커녕 옆 반 친구들과도 점점 친해지는 바람에 날이 갈수록 그 규모는 커져만 갔다. 결국, 어느 가을밤 나의 아버지는 대동강 유람선의 큰 뷔페식 레스토랑을 빌려 내 대학 친구들을 마흔 명 가까이 초대해야 했고, 말이 없던 그의 뒷모습은 그날 유독 고단해 보였던 기억이 있다.

두 차례의 감옥생활, 이후 유학의 길을 걷다

어릴 적부터 한국 노래나 영화를 자주 접했던 나는 외국 문물을 챙겨보는 데에 늘 열심이었다. 이천 년대 초반 한국에서 유행하던 「대장금」이나 「주몽」 같은 역사 드라마들이 어찌나 재밌던지, 장금이가 고난을 겪을 때면 나도 함께 눈물을 뚝뚝 흘렸고 그가 사람들에게 인정을 받을 때면 너무도 벅찬 나머지 그날 밤은 잠을 이루지 못할 정도였다. 그뿐이었는가, 안재욱의 'forever'나 윤도현밴드의 '너를 보내고'와 같은 가슴 절절한 명곡들을 어떻게 나 혼자만 들을 수 있었겠는가!

하루는 친한 친구 생일선물로, 그의 MP3에 남한 음악 파일들을 넣어주었다. 이건 정말 너만 들어야 한다고 신신당부하는 나의 말에 친구는 걱정하지 말라며 고개를 끄덕였다. 그러던 어느 날이었다.

"야, 센터 깐다!"

보위부 사람들과 안전요원들이 함께 학교를 방문해 불시검문을 시작한 것이었다. 보통 같았으면 1반부터 시작하는 검문이었는데 하필 재수가 없게도 그날은 우리 4반부터 시작을 했다. 친구의 MP3 속 노래들은 당연히 문제가 되었고, 그렇게 믿었던 친구는 순간의 지체도 없이 검열단 사람들에게 나의 이름을 말했다. 결국 나는 취조실로 끌려가게 되었다.

처음 취조실에 잡혀있던 3일은 비교적 짧은 시간이었다. 하지만 두 번째로 검문에 걸려 취조실에서 지낸 열흘간, 보위부 사람들은 나를 쉴 틈 없이 심문하고 잠을 자지 못하도록 따귀를 때리거나 찬물을 뿌렸다. 그때 지냈던 방의 모습은 아직도 눈에 선하다. 두 평 남짓한 작은 방에는 낡고 삐걱거리는 철제침대와 책상, 의자가 하나씩 있었고 창문은 두껍고 녹슨 쇠창살들로 단단히 가로막혀 있었다. 열흘 뒤 아버지는 결국 집 한 채 값에 달하는 4천 불을 무리하게 마련해 보위부에 바쳤고, 나는 풀려날 수 있었다. 그러나 취조실 침대에 모로 누워 창문을 막아선 쇠창살 개수를 세고 또 세며 언제쯤 이곳을 나갈 수 있을까만을 생각하던 나는, 무언가 부당하다는 느낌을 이후에도 오랫동안 지울 수 없었다.

대학 1학년을 지내면서 가졌던 회의감 또한 나를 괴롭혔다. 강의를 듣고 지식을 쌓아갈수록 국가 체계의 부자연스러움을 느끼면서도 원인을 알지 못해 줄곧 답답한 마음뿐이었다. 그러던 차에 2009년, 김정은의 등장과 함께 일부 대학생들은 자비로 유학을 나갈 수 있도록 법이 개정되자 아버지는 내게 북경 유학을 제안하셨다. 북경의 자유로운 분위기 속에서 국가 체계의 문제를 정확히 살필 수 있지 않을까 하는 막연한 기대와 함께, 나는 대학 1학년을 마치고 지체 없이 유학길에 올랐다.

단 한 번의 술자리로 뒤바뀐 내 세상

아버지와 함께 중국에 도착한 뒤, 북경대학에 들어가기 전 중국어 학습을 위해 일 년 정도 북경 어언대학을 다녔다. 당시 우리 반에는 남한 사람이 열 명 정도 있었지만 어릴 적부터 철저한 사상교육을 받아왔던 나는 그들을 경계하는 마음을 늘 가슴 속에 품고 있을 수밖에 없었다.

그러던 어느 날이었다. 어학 수업이 끝나고 수강생들끼리 다 함께 술을 마시게 되었고, 그들과의 첫 술자리 단 한 번으로 내가 남한에 대해 갖고 있던 모든 인식은 깨져버렸다. 내가 배워온 것과는 달리 남한 사람들은 상냥하고 예의를 지켰으며 오히려 각종 인터넷 사이트를 알려주며 세계의 다양한 시각들을 소개해 주었다. 당시 난생처음으로 인터넷을 마음껏 쓸 수 있었던 나는 네이버와 같은 포털사이트에 게재된 국제 뉴스 기사를 하나둘씩 읽어보았다. 북한에서부터 줄곧 엘리트 교육을 받아온 내게, 나의 것과는 완전히 반대되는 관점을 접하면서도 그것을 반박할 수 있을 만한 어떠한 근거도 없다는 점은 슬픈 충격으로 다가왔다.

그때부터였던 것 같다. 무엇이 진실인지 알고 싶어서 플라톤의 『국가』나 마르크스의 『자본론』을 비롯해 근대사회의 성립과 관련된 온갖 서적들을 찾아 닥치는 대로 읽었다. 기숙사에 틀어박혀 책만 읽느라 수업을 통으로 결석할 때도 있었고, 새롭게 알게 된 내용을 한국인 친구들에게 물어보며 이것저것 토론하는 시간도 길어져 갔다.

그러던 2011년 여름, 오랜만에 고향을 찾은 나는 모든 게 달라 보였다. 외국 유학생들을 대상으로 진행된 사상 재교육 과정에 전혀 적응할 수 없었고, 거짓된 선전물들을 신뢰하는 친구들이 답답하고 안타까웠다. 실천하지 않는 앎은 무용한 앎이라는 공자의 말처럼, 그때 나는 일종의 사명감 같은 것이 있었던 것 같다. 북한에 머문 한 달의 시간 동안 온갖 자료를 조사해 그걸 몇천 장이고 인쇄하느라 2천 불은 족히 쓴 것 같다. 영문을 알 수 없어 놀라시는 부모님을 뒤로하고 몰래 가지고 나온 인쇄물을 친구들의 손에 다급히 쥐여주며 틈날 때마다 읽어보라고, 나중에 돌아오면 꼭 자세한 설명을 해주겠다 약속한 뒤 북경으로 돌아왔다. 그러나 그 약속은 지키지 못한 채, 나는 한국으로 오게 되었다.

사계절 내내 단단하고 행복한 나라

'사람들은 왜 알려고 하지 않을까?'

남한에서는 '진지충'이라는 용어로 진심 어린 학구적 분위기에 종종 비난 섞인 눈길을 던진다. 그러나 나는 사람들이 왜 더 공부하려 하지 않는지 의문이 든다. 여전히 알고 싶은 것이 많은 나는, 틈만 나면 철학 서적을 찾아 읽고 새로운 사람을 만나 토론한다. 토론할 때의 나는 좋게 말하면 고집이 없고 나쁘게 말하면 팔랑 귀다. 나의 논리를 압도하는 타인의 논리와 맞닥뜨리면 감탄하며 바로 수긍하기 때문이다. 그만큼 내가 전에는 미처 알지 못했던 시각을 언제든 새롭게 받아들이는 과정 자체가 내겐 큰 즐거움이다.

이처럼 지식과 경험을 쌓아, 나는 꼭 이루고 싶은 꿈이 있다. 바로 외교관이 되는 것이다. 뉴스를 보면 아시아는 늘 한국과 중국, 일본 사이의 복잡한 정세관계로 어지럽고 국내외 여론 또한 다툼이 잦다. 나는 평양외국어학원 시절부터 공부해 온 영어 전공을 살려, 한국의 국력 성장에 이바지하는 외교관이 되고 싶다. 향후 30~40년 안에 대한민국이 G7 국가에도 들 수 있다면 그것은 미래의 외교관을 꿈꾸는 내게 주어질 더할 나위 없는 성취일 것이다. 주변국의 영향과 상관없이 경제적으로나 사회적으로나 안정적인 나라, 사계절 내내 단단한 나라를 나는 꿈꾼다.

한국에서 만난 많은 북한탈주민들은 남한사회 속 차별에 관해 말한다. 나도 이해하는 바이다. 공감의 손길을 바랐던 우리에게 차가운 시선을 내비친 사회 속에서 우리는 크고 작은 상처를 받는다. 그럼에도 불구하고 나는 우리가 대한민국의 한 구성원으로서 다 같이 하나의 목표를 바라보았으면 좋겠다. '조국'의 개념을 생각해 보면 내가 태어난 물리적인 공간과 별개로 내게 새로운 삶의 여유와 많은 조건을 허락해준 곳이 또 다른 조국이라는 생각이 들었다. 그런 의미에서 나의 조국은 대한민국이고, 나 또한 남한사회의 일원이다. 나는 대단한 사상가도 대단한 민족주의자도 아니고, 각자의 인생은 제각기 다른 결이리라 생각한다. 하지만 모두 다른 배경을 가졌다 하더라도 현재의 많은 것들을 공유하는 사람들끼리 한 방향을 바라볼 때 결국 모두가 더 행복할 수 있지 않을까. 우리 사회의 제각기 다른 목소리들도, 언젠가는 하나의 소실점에서 만나는 날을 기대해 본다.

감사의 글

　누군가의 삶이 담긴 이야기에 함부로 손을 대는 것이 꺼려졌습니다. 부정확한 이해는 폭력이 될 수 있기에, 해당 에피소드의 팟캐스트 방송을 여러 번 들으며 단어와 표현들을 고민했습니다. 누군가의 언어 속 무게와 결을 고스란히 담아내는 것은 어려운 일이라는 생각은 출간 작업이 완료된 지금도 여전합니다.

　<평범하지만 특별하게 살랍니다>의 매력은 그 제목에서 드러납니다. 내가 사랑하는 고향, 좋아하는 음식, 보고 싶은 가족 등 누구에게나 있을 법한 사연들이지만 그 속에는 자신만의 온도와 분위기가 배어 있습니다. 우리에게 주어진 시간의 대부분은 일상의 반복일 테지만 가끔씩 찾아오는 특별한 순간들이 묘미임을 믿는 저희에겐, <평.특.살>은 각자의 마음 속에 간직해 온 소중한 장면들을 전해 들으며 함께 울고 웃을 수 있던 의미 있는 작업이었습니다.

　저희 단행본은 여러 사람들의 손을 거쳐 출간되었습니다. 책 출간에 참여해주신 모든 분들께 감사의 말씀을 전합니다. 우선 좋은 취지에서 팟캐스트 사부작을 시작해 지금까지 올

수 있도록 응원해주신 프로젝트 지음 시니어 분들과, 시즌 3 부터 함께해 이제는 벌써 시즌 5를 운영하시는 <사부작> 제작팀 분들께 감사 드립니다. 또한 에세이가 출간되기까지 많은 도움을 주신 박영사 편집팀과 과장님, 일러스트 작가 진순 님, 말랑북스 편집자님, 함께 심혈을 기울여 원고를 작성해주신 오이솔 작가님께 감사의 말씀 드립니다. 무엇보다 에세이 출판에 동의해주시고 응원해주신 단천 짝태 님, 청진 오징어 님, 혜산 감자밥 님, 청진 포도 님, 길주 완자 님, 청진 생선떡 님, 무산 보쌈밥 님, 혜산 과줄 님, 온성 참살구 님, 청진 꼬장떡 님, 구장 남새 님, 평양 냉면 님께 진심으로 감사드립니다.

이야기는 세상을 움직이는 힘이 없다고들 말하지만, 적어도 우리의 마음을 움직일 수 있으면 좋겠습니다.

"모두가 나를 향한 편견에서 벗어나, 자기 자신을 소개할 수 있는 날을 꿈꾸며."

프로젝트 지음과 함께한 사람들
박병선, 신준기, 홍정연, 김영욱, 진수민, 박희진, 이정아, 김서현, 이호형, 황승엽, 이산하, 정민주, 이혜정, 윤태은, 이시윤, 박채현, 김나영, 김나영, 작가 오이솔

프로젝트 지음 인스타그램: @project.jieum

평범하지만 특별하게 삽니다 - 12명의 북한이탈주민 이야기

초판발행   2021년 2월 8일

지은이   프로젝트 지음
펴낸이   안종만·안상준

편 집   최은혜
기획/마케팅   장규식
표지디자인   박현정
제 작   고철민·조영환

펴낸곳   (주) **박영사**
               서울특별시 금천구 가산디지털2로 53, 210호
               (가산동, 한라시그마밸리)
               등록 1959. 3. 11. 제300-1959-1호(倫)

전 화   02)733-6771
f a x   02)736-4818
e-mail   pys@pybook.co.kr
homepage   www.pybook.co.kr
ISBN   979-11-303-1207-1 03300

copyright©프로젝트 지음, 2021, Printed in Korea

정 가   13,000원